本书由大连市学术著作出版基金资助出版

中国企业自主创新及测度研究

基于政府资金和政策支持角度

寇琳琳 著

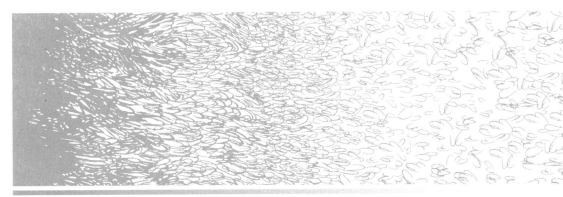

ZHONGGUO QIYE ZIZHU CHUANGXIN JI CEDU YANJIU
Jiyu Zhengfu Zijin He Zhengce Zhichi Jiaodu

中国社会科学出版社

图书在版编目（CIP）数据

中国企业自主创新及测度研究：基于政府资金和政策支持角度/寇琳琳著 . —北京：中国社会科学出版社，2014.5

ISBN 978 - 7 - 5161 - 4345 - 2

Ⅰ.①中…　Ⅱ.①寇…　Ⅲ.①企业创新—研究—中国　Ⅳ.①F279.23

中国版本图书馆 CIP 数据核字（2014）第 112936 号

出 版 人	赵剑英	
责任编辑	卢小生	
特约编辑	解书森	
责任校对	张依婧	
责任印制	王　超	

出　　版	中国社会科学出版社	
社　　址	北京鼓楼西大街甲 158 号（邮编　100720）	
网　　址	http：//www.csspw.cn	
	中文域名：中国社科网　　010 - 64070619	
发 行 部	010 - 84083635	
门 市 部	010 - 84029450	
经　　销	新华书店及其他书店	

印　　刷	北京市大兴区新魏印刷厂	
装　　订	廊坊市广阳区广增装订厂	
版　　次	2014 年 5 月第 1 版	
印　　次	2014 年 5 月第 1 次印刷	

开　　本	710 × 1000　1/16	
印　　张	12	
插　　页	2	
字　　数	201 千字	
定　　价	36.00 元	

凡购买中国社会科学出版社图书，如有质量问题请与本社发行部联系调换
电话：010 - 64009791
版权所有　侵权必究

序　言

　　《中国企业自主创新及测度研究：基于政府资金和政策支持角度》是寇琳琳同志在其博士学位论文基础上修改完成的。我作为寇琳琳的博士生导师，欣然为之作序。

　　自主创新是人类进步、经济社会发展所遇到的具有永恒意义的主题，从空间维度上说是世界各国所面临的问题，从时间维度上看是不论过去、现在及将来自主创新都是推动企业生存与发展、一个国家的发展乃至人类社会发展的推进器与发动机。

　　我的学生寇琳琳的这部专著是在科学发展观指导下，基于我国经济发展方式转变背景下，借鉴前人相关研究成果的基础上，形成的一部较为系统、深入地探讨我国企业自主创新及其测度的论著。这一专著从政府资金和政策支持角度对我国企业自主创新进行分析，主要阐明了自主创新的基本内涵、企业自主的基本模式、企业自主创新的主要功能及我国企业自主创新模式选择；尤其是就企业自主创新的基本属性界定了政府介入自主创新的必然性与作用的关键点；较为客观地探索了影响企业自主创新的主要因素；描述了我国企业自主创新的现状，指出了存在的主要问题；进而提出了我国企业自主创新评价指标体系与促进企业自主创新的政策选择。

　　尽管这部论著还存在不少有待完善和不尽如人意的地方，但对一个青年教师来说，论著的形成实属不易。我希望寇琳琳能再接再厉，将自主创新的研究作为一个终生研究的课题，有更多的相关研究成果问世，为繁荣我国社会科学做出贡献。

姜继忱

2013 年 11 月于东财烛光园

摘　　要

　　提高企业自主创新能力，不仅是事关提高企业长期盈利能力和竞争力的重大发展问题，而且也是我国经济结构调整、技术进步等经济发展方式转变的重要内容。鉴于中国国情，政府资金和政策支持在企业自主创新能力的提高过程中发挥着重要作用。在目前中国市场作用发挥还受国家行政机构多方控制情况下，影响发展方式转变的最重要的体制性障碍是长期形成的政府行政管理体制。这种"政府主导"型行政管理体制，决定了中国企业自主创新能力的提升在很大程度上要受政府政策的影响。随着中国市场经济体制的初步建立以及整体社会进入中等收入发展阶段，国家迫切需要实现由政府主导的经济增长，向政府对市场进行宏观调控、市场价格变动引导企业、企业主导技术进步和创造价值的新的经济增长方式转换，使中国能够顺利迈向高收入社会。

　　经过30多年的改革开放，虽然中国企业自主创新能力有了很大的提高，但一些制约技术创新和新技术产业化的障碍仍然存在。与创新型国家相比，中国的差距表现在很多方面，包括自主创新能力特别是企业核心竞争力较弱、高新技术产业在整个经济中所占的比例不高、关键技术自主研发比例较低、科研实力不强、优秀拔尖人才比较缺乏、产业技术的一些关键领域存在较大的对外依赖性、科技投入不足以及体制机制还存在不少弊端等方面。一个国家没有经济独立，就不会有政治独立。提高企业的自主创新能力已经成为中国经济发展过程的当务之急。在发达国家，具有规模经济优势的跨国企业集团必须持续实现技术创新的产业化以保持其国际竞争力。而成千上万的中小企业，却是技术创新的主要来源。在当下中国，一些国有企业缺乏创新动力，而广大中小企业的创新潜力也没有得到充分挖掘。提高企业自主创新能力是增长方式转变的关键，推动国有企业和中小企业的自主创新，对于推动中国经济发展具有巨大的意义。基于这些背景，企业自主创新以及测度的研究，对于中国未来经济发展具有重大的理论和现实意义。本书共分八章，主要内容如下：

第一章首先提出问题，从实践价值和理论意义两个方面说明本书研究的意义；对与本书内容相关的国内外文献进行分析评价，并列举众多学者对自主创新能力指标的阐述；说明本书的框架结构和主要研究内容，并归纳了本书的创新与不足。

第二章界定自主创新的基本内涵以及企业自主创新的基本模式和主要功能，并指出中国企业自主创新的模式选择；说明企业自主创新的基本属性以及政府为什么介入自主创新，并揭示政府作用于企业自主创新的关键点。

第三章从内生因素和外生因素两个方面分析对企业自主创新及测度的影响。其中，内生因素主要包括企业的自主创新意识与企业家精神、创新利益目标与创新收益、创新能力及企业盈利水平和投入能力、创新权利的合理配置与创新人才及企业创新文化氛围等，外生因素主要包括工业化和产业发展阶段的本质要求、技术推动力与技术链和创新链的制约、需求拉动与市场竞争力等方面的分析。

第四章对中国企业自主创新进行较为客观的描述。首先，肯定了中国自主创新的成效，包括创新发展战略更加明确，自主研发能力持续增强、创新产出成果丰硕等方面。其次，从总体上描述了中国企业的自主创新，当前中国自主创新投入的总量不断增长，但是相对于经济增长的速度，幅度较小，并面临着国际上其他国家技术追赶的挑战，所以提高自主创新能力已经成为中国高新技术产业面临的核心问题。最后，指出了中国企业自主创新能力的主要障碍，并分析了这些障碍的成因。

第五章首先比较分析了研发创新绩效，并指出了数据分析归纳和结论；其次探讨了支持企业自主创新的财税政策体系，通过横向对比的方法，归纳了支持自主创新的财税政策选择经验，并结合中国实际，找出了中国财税支持体系中存在的问题；最后说明了支持企业自主创新的金融体系，进一步借鉴国际经验，指出中国新金融体系支持企业自主创新过程中存在的主要问题。

第六章首先设计了企业自主创新评价指标体系，从其遵循的原则出发，将企业自主创新的评价指标分为内部评价指标和外部评价指标；其次阐述了企业自主创新的主要测度方法及应用思路；最后是企业自主创新的测度和实证检验，并运用因子分析法，分别以大中型工业企业和辽宁工业企业为例，测度了企业的自主创新程度。

第七章提出促进企业自主创新的政策举措。首先，应完善促进企业自主创新的财税政策，从财政、税收、政府采购和信贷四个方面进行了分析；其次，鼓励企业成为自主创新的主体，加强企业自身创新能力建设，充分发挥企业家在自主创新中的作用，加强企业自主创新人才队伍建设，加强企业的文化建设；再次，构建产学研相结合的体制平台，指出了产学研相结合的具体措施，并指出了优化产学研相结合的要素环境；最后，明确健全企业自主创新能力评价的指标体系，包括健全企业综合绩效评价指标，健全企业自主创新依存度指数及其指标体系，建立健全测度企业自主创新的主要指标体系等。

第八章主要针对辽宁省工业企业自主创新实际，总结辽宁省工业企业自主创新所取得的主要成效；分析制约辽宁省工业企业自主创新能力提高的主要障碍因素；提出辽宁省"十二五"时期工业企业自主创新能力提高的价值取向。

基于政府资金和政策支持角度的企业自主创新及测度研究，对于提高中国企业整体的自主创新能力具有重大的理论和现实意义。健全企业自主创新评价指标体系，是促进企业自主创新能力的关键因素。提高自主创新能力，建设创新型国家，是国家发展战略的核心，是提高综合国力的关键。促进企业的自主创新，是国家整体经济发展的有力保障。在当前转轨时期，中国应完善促进企业自主创新的财税政策，鼓励企业成为自主创新的主体，构建产学研相结合的体制平台，同时，健全企业自主创新能力评价指标体系。从政府资金和政策支持方面，为企业自主创新能力的提高创造一个良好的政策环境。

关键词：企业自主创新　评价系统　测度　政策支持

ABSTRACT

To improve the independent innovation ability of enterprises is not only the key to solve the enterprise's long – term development problem, but also the key to change the way of economic development in our country. Given the special national conditions of China, government funds and policy support play an important role in the process of raising the independent innovation capability of corporations. At present, the role of market mechanism in china is controlled by state administrative agencies, and the most important system obstacle to transform development patterns is the government administrative system, which has been shaped over a long period of time. The government leading administrative system determined that the ability of the enterprise independent innovation in China was largely influenced by government policy. As China's market economy system has been established preliminarily, and the society are entering the middle – income stage of development, it is in urgent need of transformation, from governmental dominant economic growth pattern, to the pattern of market price change guide companies and companies dominate the technological progress, and the new economy growth pattern will make China enter into a high – income society successfully.

After more than 30 years of reform and opening up, the enterprise's capacity for independent innovation in China has greatly improved, but some factors hindering technology innovation and new technology industrialization still exist. Compared with innovative countries, the defects of China perform in many ways, including the independent innovation ability, especially the core competition of the enterprise is weak, the share of high and new technology industries in the economy is not high, the R&D ratio of key technologies is low, the scientific research capabilities is not strong, lack of excellent professionals, the investment in R&D is insufficient, and the system still has some disadvantages, etc. If there is no economic independence in a country, there will be no political independence. It becomes imperative for China to improve the capacity for independent innovation. In developed countries, multinational conglomerates must continue to realize the industrialization of technology innovation in order to maintain its international competitiveness. However, tens of thousands of small and medium – sized enterprises are actually the main source of technology innovation. In China, now some state – owned enterprises are lack of innovation power and the innovative potential of small and medium – sized enterprises have not been fully tapped. Improving enterprise' independent innovation ability is the key to the change of the pattern of economic growth. Also, promoting independent innovation of state – owned enterprises and small and medium – sized enterprise has great significance for promoting China's economic development. Based on this background, the research of enterprise independent innovation has important theoretical and practical significance on China's future economic development. This article' main content is listed as follows.

Chapter one raised questions, and illustrated the purpose of this study according to the practical value and theoretical significance. Also, it analyzed and evaluated the related researches, and cited numerous scholars on the analysis of the independent innovation ability index. In addition, it pointed out that the frame structure and the main research content about this this paper, and indicated the innovation and deficiency of this article.

Chapter two not only analyzed the basic connotation of independent innovation, but also analyzed the basic model and main functions of enterprise independent innovation. And it pointed out that Chinese enterprises independent innovation pattern choice. Moreover, it analyzed the basic attributes of enterprise independent innovation and government intervention in the independent innovation, and pointed out the government role in the enterprise independent innovation point.

Chapter three pointed out the influence of enterprise independent innovation and measure from two aspects. Endogenous factors mainly include the independent innovation and entrepreneurship, innovation goals of profit and revenue, innovation ability and level of corporate earnings and investment ability, reasonable allocation of rights and enterprise innovation culture and innovation talents, exogenous factors mainly include the stage of industrialization and industry development requirements, technical force and the nature of the restriction of technique and the innovation chain, demand analysis and market competitiveness, and so on.

Chapter four described China's enterprise independent innovation objectively. Firstly, it affirmed the results of China's independent innovation, including innovation development strategy had become more clearly, the ability of R&D was increasing, the innovation output was fruitful, etc. Secondly, it described the Chinese enterprises' independent innovation on the whole. At present, compared to the speed of economic growth, the amount of independent innovation input was increasing but within a small range, and it also faced the challenge of international technology catch from other countries, improving the independent innovation ability had become the core problem of China's hi – tech industry. At last, the chapter pointed out the main obstacles to Chinese enterprise independent innovation ability, and analyzed the causes of these obstacles.

Chapter five, First of all, it compared and analyzed the R&D innovation performance, as well as pointed out the data analysis and the conclusion. Secondly, it analyzed the support enterprise independent innovation system of fiscal and taxation policy, through crosswise contrast, to analyze the international fiscal and taxation support independent innovation experience, and combining the reality of China, pointed out the existing problems in China's fiscal and taxation support system. Finally, it analyzed the support enterprise independent innovation of the financial system, and learned from international experience, pointed out the comparative analysis of China's new financial system, which aimed to support enterprise independent innovation.

The sixth chapter, First of all, it pointed out the index system of enterprise independent innovation. From the principle which it was following, the internal evaluation and external evaluation index were put forward. Secondly, it described the main measure and application of enterprise independent innovation. Lastly, it put forward the measure and empirical test of the enterprise independent innovation, and measured the independent innovation of enterprises though using the factor analytic method.

Chapter seven proposed policies and measures. First of all, enterprises should improve the fiscal and taxation policies to promote the enterprise independent innovation from different aspects, such as financial, taxation, government procurement and credit. Secondly, enterprises should be encouraged to become the main body of independent innovation, to strengthen the ability of enterprise independent innovation, to give full play to the role of entrepreneurship in independent innovation, and to strengthen enterprise culture construction. Thirdly, it pointed out that enterprises should build a platform of producing – studying – researching, and offered some related measures. Finally, it pointed that the enterprise independent innovation ability evaluation index system should be clear, including improves the enterprise integrated performance evaluation indicators, and improves the enterprise independent innovation dependence index and index system, to establish and improve the measure enterprise independent innovation is the main index system, etc..

Based on the government funds and policy support, the research of enterprise independent innovation and measure has important theoretical and practical significance to China's enterprises. And enhance the evaluation index system of enterprise independent innovation is the key factor to promote enterprise independent innovation. Improving self – directed innovation capability and building an innovative country are critical factors of national development strategy. Promoting the independent innovation of enterprises is effective guarantee to the national overall economic development. During the transitional period, China should perfect the fiscal and taxation policies to promote the enterprise independent innovation, to encourage enterprises to become the main body of independent innovation, to build the combination of system platform, at the same time, to improve the enterprise independent innovation ability evaluation index system. From the aspect of government funds and policy support, it is urgent to create a favorable policy environment to improve the self – directed innovation capability.

Key Words: enterprise independent innovation, index system, measurement, policy support

目　　录

第一章　绪论 ………………………………………………………………… 1

　第一节　本书研究的背景及意义 ………………………………………… 1

　　一　实践价值 ………………………………………………………… 1

　　二　理论意义 ………………………………………………………… 5

　第二节　研究文献综述 …………………………………………………… 5

　　一　国外相关文献综述 ……………………………………………… 5

　　二　国内相关文献综述 ……………………………………………… 8

　　三　关于自主创新能力指标构成的文献综述 …………………… 10

　　四　简单述评 ……………………………………………………… 12

　第三节　本书框架结构和主要研究内容 ……………………………… 12

　　一　本书框架结构 ………………………………………………… 12

　　二　主要研究内容 ………………………………………………… 13

　第四节　本书的研究方法及创新与不足 ……………………………… 14

　　一　研究方法 ……………………………………………………… 14

　　二　创新和不足之处 ……………………………………………… 15

第二章　企业自主创新的一般分析 ……………………………………… 16

　第一节　自主创新的基本范畴 ………………………………………… 16

　　一　自主创新的基本内涵 ………………………………………… 16

　　二　企业自主创新的模式 ………………………………………… 18

　　三　企业自主创新的主要功能 …………………………………… 22

　　四　中国企业自主创新模式选择 ………………………………… 24

　第二节　企业自主创新基本属性及政府介入 ………………………… 24

　　一　企业自主创新的基本属性 …………………………………… 24

二 政府支持自主创新源于企业自主创新的属性 ……………… 29

三 政府作用于企业自主创新的关键点 ……………………… 30

第三章 影响企业自主创新及测度的主要因素分析 ……………… 32

第一节 企业内生因素分析 ………………………………… 32

一 企业的自主创新意识与企业家能力 …………………… 32

二 创新利益目标与创新收益 ……………………………… 33

三 创新能力及企业盈利水平和投入能力 ………………… 34

四 创新权利的合理配置与创新人才及企业创新
文化氛围 ………………………………………………… 35

第二节 企业外生因素分析 ………………………………… 36

一 工业化和产业发展阶段的本质要求 …………………… 36

二 技术推动力与技术链和创新链的制约 ………………… 36

三 需求拉动与市场竞争力 ………………………………… 37

四 政府财税政策激励 ……………………………………… 38

第四章 中国企业自主创新现状分析 …………………………… 43

第一节 中国企业自主创新主要成效 ……………………… 43

一 自主创新发展战略更加明确 …………………………… 43

二 自主研发能力持续增强 ………………………………… 45

三 创新成果丰硕，经济效益明显提升 …………………… 45

第二节 中国企业自主创新的总体描述 …………………… 50

一 企业自主创新投入总量不断增长，但幅度较小 ……… 50

二 自主创新活动面临着国际技术追赶的挑战 …………… 54

三 提高自主创新能力成为中国高新技术产业面临的
核心问题 ………………………………………………… 54

四 研发人员数量稳步提高，但增长幅度有限 …………… 56

五 科技产出进步状况总体水平有待提高 ………………… 57

六 科技经费筹集主体分布不均 …………………………… 59

第三节 中国企业自主创新能力主要障碍因素及成因 …… 61

一 中国企业自主创新能力主要障碍因素 ………………… 61

二 制约中国企业自主创新能力的主要原因 ……………… 62

第五章　政府支持企业自主创新的国际比较分析 …………………… 68

　第一节　研发创新绩效评价的比较分析 ………………………… 68

　　一　总效率值分析（DEA 模型分析） ………………………… 68

　　二　Malmquist 指数模型分析 ………………………………… 71

　　三　总体时间跨度分析 ………………………………………… 74

　　四　数据分析归纳与结论 ……………………………………… 77

　第二节　支持企业自主创新的财税政策体系比较分析 ………… 78

　　一　财税支持系统 ……………………………………………… 78

　　二　运用财税手段支持企业自主创新的国际经验 …………… 80

　　三　中国政府财税支持体系存在的问题 ……………………… 81

　第三节　支持企业自主创新的金融体系比较分析 ……………… 84

　　一　企业自主创新银行支持体系 ……………………………… 84

　　二　企业自主创新债券市场支持体系 ………………………… 86

　　三　创业板市场支持体系 ……………………………………… 88

　　四　企业自主创新风险投资支持体系 ………………………… 91

　　五　中国金融体系支持企业自主创新的比较分析 …………… 93

第六章　企业自主创新评价指标体系构建及测度 ………………… 97

　第一节　企业自主创新评价指标体系 …………………………… 97

　　一　企业自主创新评价指标选择的原则 ……………………… 97

　　二　企业自主创新的内部评价指标 …………………………… 98

　　三　企业自主创新的外部评价指标 …………………………… 100

　第二节　企业自主创新主要测度方法及应用思路 ……………… 101

　　一　企业自主创新的主要测度方法 …………………………… 101

　　二　测度企业自主创新方法的应用思路 ……………………… 102

　第三节　企业自主创新的测度及实证检验 ……………………… 105

　　一　企业自主创新的测度指标体系 …………………………… 105

　　二　企业自主创新主要指标法测度：以制造业为例 ………… 107

　　三　运用因子分析法测度企业自主创新：以大中型工业

　　　　企业为例 ………………………………………………… 116

　　四　运用因子分析法测度企业自主创新：以辽宁工业

　　　　企业为例 ··· 125

第七章　促进企业自主创新的政策举措 ··· 131

　　第一节　完善促进企业自主创新的财税政策 ··· 131

　　　　一　完善促进企业自主创新的财政政策 ··· 131

　　　　二　完善促进企业自主创新的税收政策 ··· 133

　　　　三　完善支持企业自主创新的政府采购政策 ··· 135

　　　　四　支持企业自主创新的财政性信贷政策 ··· 136

　　第二节　鼓励企业成为自主创新主体 ·· 137

　　　　一　企业作为自主创新主体的客观必然性 ··· 137

　　　　二　加强企业自身创新能力建设 ··· 138

　　　　三　充分发挥企业家在自主创新中的作用 ··· 139

　　　　四　加强企业自主创新人才队伍建设 ··· 139

　　　　五　加强企业文化建设 ··· 141

　　第三节　构建产学研相结合的体制平台 ·· 141

　　　　一　产学研相结合的客观必要性 ··· 141

　　　　二　"产学研"相结合的具体措施 ··· 142

　　　　三　优化产学研相结合的要素环境 ··· 143

　　第四节　健全企业自主创新能力评价指标体系 ·· 144

　　　　一　健全企业综合绩效评价指标体系 ··· 144

　　　　二　建立健全企业自主创新能力依存度指数及其

　　　　　　指标体系 ·· 145

　　　　三　建立健全测度企业自主创新的主要指标体系 ································· 146

第八章　工业企业自主创新的评价与实现路径探析：

　　　　以辽宁省为例 ·· 148

　　第一节　辽宁省工业企业自主创新现状分析 ··· 148

　　　　一　辽宁省工业企业自主创新主要成效 ··· 148

　　　　二　制约提高辽宁省企业自主创新能力的主要障碍 ························· 151

　　　　三　辽宁省"十二五"时期提高企业自主创新能力的

　　　　　　重点取向 ·· 152

　　第二节　工业企业自主创新的评价指标体系及其应用 ······················ 153

第三节 推进工业企业自主创新的实现路径……………………… 158

    一 坚持科学发展和转变经济发展方式是推进企业自主
       创新的基本前提……………………………………… 158

    二 充分发挥企业积极性和主动性是推进企业自主创新的
       根本所在……………………………………………… 159

    三 实施倾斜的经济政策是推进企业自主创新的
       必要条件……………………………………………… 160

    四 转变政府职能,促进企业自主创新………………… 162

参考文献…………………………………………………… 163

后记………………………………………………………… 173

第一章

绪　　论

第一节　本书研究的背景及意义

后经济危机时代，在世界范围内科技革命继续快速发展的国际背景下，伴随着中国经济发展方式的转变和建设创新型国家战略的逐步推进，密切关注、深入研究企业自主创新行为，并对其进行准确、科学的测度，从国家资金和政策角度予以推进，具有重要的实践价值和理论意义。

一　实践价值

从国际视角看，科学技术的发展对经济增长和企业竞争的影响日益增强，未来产业核心竞争实质上是科技和人才的竞争，着重体现在自主创新能力的竞争方面。随着科技革命的迅速发展，国际科技竞争日趋白热化，产业更新换代和科技成果不断创新的周期越来越短，科学技术作为第一生产力的地位会越来越重要，对经济增长的影响也会越来越明显。

通常而言，全球性经济危机往往催生重大科技创新和产业革命。2007年，在美国次贷危机引发的全球经济危机发生之后，世界各国尤其是世界主要经济体，都在进行经济发展战略的重新规划，纷纷把发展新能源、新材料、信息网络、生物医药、节能环保、低碳技术等作为新一轮产业发展的重点。

由各个国家科技发展的经验和教训可以看出，任何一个国家如果想在激烈的国际竞争中处于领先于其他国家的优势地位，就必须具备强大的自主创新能力。这种能力所带来的差距表现最明显的领域就是关系国民经济命脉和国家安全的领域。因为国家的核心竞争力是由本国企业自主创新能力打造的，而不是由买来的技术形成的。结合中国当前实际，应在激烈国际竞争中提高危机意识，在走中国特色自主创新道路的同时，坚持正确的发展道路和发展方向。今后，全球将进入空前的创新密集和产业振兴时代。

在此背景下，中国企业自主创新压力剧增，因为在全球发展压力下，如果中国不迎头赶上，则会在面对世界主要经济体的激烈竞争中处于劣势，使得竞争优势下降，甚至有可能被甩得更远。

（一）建设创新型国家的需要

自主创新能力是国家竞争的核心，是建设中国特色的创新型国家的根本途径。只有提高国家的自主创新能力，才会有国家的核心竞争力。把提高自主创新能力摆在国家战略建设的突出位置，正确定位国家和企业自主创新的方向和有效途径，积极优化自主创新的存在环境，可以为实现我国经济社会又好又快发展创造有利条件。

2006 年，中国全国科技大会提出，建设创新型国家，必须使企业成为创新的主体。在新修订的《科学技术进步法》中，把建立企业为创新主体、市场需求为导向、"产学研"三者相结合的技术创新体系用法律形式固定了下来。近年来，中国始终把提高自主创新能力摆在突出的位置，已取得了一系列重大创新成果，并得到了国内外的肯定。例如，近期境内外媒体对中国前沿创新的部分报道有：2009 年 2 月中新社的报道：《中国特高压输电技术领先国际先进水平》；2009 年 10 月《南华早报》的文章：《港报：中国高铁 2012 年领先全球》；2010 年 12 月《香港文汇报》的文章：《奥巴马称中国诸多创新领先美国》；2010 年 12 月印度《金融快报》的文章：《中国超级计算机技术远领先于印度》等。另外，中国在探索太空的征程中也取得了重大进展，海尔、联想、奇瑞等一大批自主创新能力强、拥有重点领域核心专利的骨干企业，已形成了一大批具有自主知识产权的技术和产品，等等。在看到中国在各个领域取得创新成果的同时，还要注意到中国企业自主创新能力仍然较为薄弱。

其一，企业资金缺乏导致创新活动难以开展。中国规模以上工业企业的研发投入占销售收入的比重一直较低，2007 年仅为 0.77%，2011 年降为 0.71%，远低于发达国家 2%—3% 的平均水平。

其二，相当一部分核心技术仍受制于人，科技成果转化率不高和发展速度较慢等都成为制约中国经济社会发展和企业整体竞争力提高的重要因素。统计数据表明，中国科技进步对经济增长的贡献度低于 30%，明显落后于发达国家 60%—70% 的水平。产业技术水平低下，新技术扩散速度较慢，重要产业领域无法进行规模生产，产品附加值较低等种种现状，不仅浪费了能源资源，而且造成了生态环境的恶化。

因此，增强企业的自主创新能力，是未来中国经济发展的必然选择，对于加快经济转变方式、推动产业结构优化升级和增强中国综合国力和竞争力具有极大的理论和现实意义。

（二）经济发展方式转变的客观要求

作为快速发展的人口大国，中国面临的能源资源和生态环境约束尤为突出，推动可持续发展任务非常艰巨。未来发展面临的严峻挑战迫切需要中国转变经济发展方式，其实质就是要从过去过度依靠资源消耗、廉价劳动力和以牺牲环境为代价的粗放型增长方式向依靠科技进步、劳动者素质提高、管理创新的集约型增长方式转变。

改革开放30多年来，中国经济在保持快速发展的同时也积累了许多深层次矛盾。尽管中国经济总量已处于世界第二位，但生产力水平总体上还不高，产业结构不合理，城乡、区域发展不平衡，长期形成的结构性矛盾和粗放型增长方式尚未根本改变，工业化、城市化快速发展同能源资源和生态环境的矛盾日趋突出。据有关资料分析，中国单位GDP能耗相当于德国的5倍、日本的4倍、美国的2倍；中国以占世界8%的经济总量，消耗了世界能源的18%、钢铁的44%、水泥的53%，二氧化碳排放量、二氧化硫排放量和酸雨面积都居世界首位。

而且，基于我国企业微观层面自主创新能力不强，致使宏观层面的我国总体经济发展的技术含量不高，很多关键技术和核心技术仍受制于人，先导性战略高技术领域科技力量薄弱，重要产业对外技术依赖程度仍然较高。目前，中国许多行业出现重复建设和产能过剩现象，但同时多数产业的高端环节，包括高端产品、高端服务所涉及的核心技术，大都被国外大跨国公司所掌控。由于缺乏核心技术，中国企业不得不将每部国产手机售价的20%、计算机售价的30%、数控机床售价的20%—40%支付给国外专利持有者。尽管中国是贸易大国，但出口产品中拥有自主知识产权和自主品牌的只占约10%；中国工业新产品开发的技术约有70%属于外源性技术，总的对外技术依存度达60%，而美国、日本仅为5%左右。因此，加快转变经济发展方式，必须以提高企业自主创新能力为前提。

中国经济发展模式急需进行真正意义上的转型。如果中国企业不改变简单的来料加工、低技术含量发展方式，转型为高附加值、有自主知识产权和品牌的发展方式，那么中国的经济发展将难以为继，中国的经济发展方式转变战略无从实现。引进和消化国外先进技术不是中国企业发展的长远之计，如果要在国际竞争中取得生存和发展，那么，中国应着力于发展本土品牌，打造本土企业的核心竞争力，通过推进自主创新开发具有自主知识产权的产品及生产技术。

所以，加强自主创新，建设创新型国家，是国家审时度势作出的一项重大战略决策。中国政府应重视提高自主创新能力，将其作为转变经济发展方式和调整产业结构的中心环节，将该战略纳入中国经济发展的大局中来。而企业自主创新能力是国家自主创新能力的基础，增强企业的自主创新能力已被提到"国家战略"的高度，摆在经济社会发展至关重要的突出位置。

发展战略性新兴产业是有效地突破当前资源制约、激发经济增长内在动力、引导未来经济社会发展的重大战略选择。中国政府已经提出加快培育和发展以重大技术突破、重大发展需求为基础的战略性新兴产业的目标和任务，明确以企业为主体，推进产学研相结合，把战略性新兴产业培育成为国民经济的先导产业和支柱产业。这迫切需要企业自主创新发挥其先导作用。

（三）增强企业竞争力的必要前提

从微观层面看，市场经济发展史已经证明，创新企业获胜，守旧企业消亡。企业自主创新能力是企业持续获得竞争优势的重要前提，在市场竞争中，各个企业通过有效运用内外各种创新资源，不断增强其核心竞争力，达到在市场中立足和发展的目的。

据《21世纪经济报道》的数据，1978年《福布斯》以公司市值为基准的全美100强，到2003年，只有32家公司依然榜上有名。25年间，68%的公司被淘汰出局。有关中国中关村科技园的部分研究也揭示出，1995年规模最大的前20%的企业，到2003年只有38%生存下来，62%的企业已经不复存在。而生存下来的这38%中，只有23%的企业仍然居于中关村科技园规模最大的前20%之列。

面对新的挑战、新的任务，必须统筹兼顾经济社会发展全局，把科学发展观贯穿到改革开放和现代化建设的全过程。从转变发展观念和发展模式的创新入手，重视自主创新能力的战略性地位，重点提高企业发展的质量，力求把经济社会发展的轨道转移到依靠技术进步和创新以及劳动者素质的提高方面上来。

二 理论意义

中国特色自主创新道路的核心是国家和企业应坚持自主创新、支持发展和力求引领世界技术潮流的方针。出发点是增强国家自主创新能力，在原始创新、集成创新和引进消化吸收再创新方面进一步强化。国家和企业应坚持有所为有所不为，在经济发展方式转变的过程中，重点扶持和创新有关国计民生和国家安全的领域。

在现实道路的选择方面，要从现实的紧迫需求出发，着力突破重大关键技术和共性技术，支撑经济社会持续协调发展。同时，技术创新应本着长远的眼光，对于前沿技术和基础研究进行超前部署，创造新的市场需求，培育有发展潜力的新兴产业，引领未来经济社会发展的步伐。

关于自主创新还存在一些认识误区，如自主创新就是追求技术领先、追求高精尖；自主创新是完全依靠自己力量创新，就是搞原始创新；自主创新主要是技术部门和研发人员的工作；专利越多自主创新能力越强等。

实际上，自主创新本质上应是以我为主，以企业为主体，以掌握核心技术和关键技术知识产权以及掌握高附加值价值链活动与市场为目标，通过原始创新、集成创新、引进消化吸收再创新三个层面的技术创新、管理创新、制度创新的有机结合，有效整合资源，全面提高创新能力，以获取具有自主知识产权的独特技术以及拥有自主知识产权的产品、品牌等，并以实现创新成果产业化，最终达到获取利润和提升企业竞争能力的活动过程。

第二节 研究文献综述

一 国外相关文献综述

（一）创新理论发展脉络

国外传统的创新理论已有近百年发展历史，其中技术创新、制度创新和管理创新是当今创新理论研究的主题。美籍奥地利经济学家、哈佛大学教授熊彼特在其德文版《经济发展理论》中首次提出了"创新"这一概念，他认为，所谓"创新"，就是把生产要素和生产条件的新组合引入生产体系之中，"建立一种新的生产函数"，其目的是获取潜在的利润。

1942 年，熊彼特在其《资本主义、社会主义与民主》一书中，又进一步将创新解释为是一个产生所谓"创造性的破坏过程"，即从体系内部革新经济结构，不断破坏旧的并创造新的结构的"产业突变"，从中体现出产业演化的思想。熊彼特将创新的内容概括为五个方面：开发新产品；使用新的生产方法；发现新的市场；发现新的原料或半成品；创建新的产业组织。熊彼特认为，创新是一个具备组合特征的系统，既包括技术上的创新，也包括市场、组织和管理等制度意义上的创新。显然，熊彼特的创新概念含义相当广泛，它是指各种可提高资源配置效率的新活动，涉及技术性变化和非技术性变化的创新。

熊彼特还指出，创新的承担者只能是企业家，经济会由于创新而增长，但是，这种增长呈现周期性。经济增长经历繁荣、衰退、萧条和复苏的周期过程，而创新是决定这种周期的主要因素。创新的重要性可见一斑。

此后，弗里曼在解释创新概念时，把熊彼特关于创新的内涵概括为新发明、新产品、新工艺、新方法或新制度。希克斯又把创新分为节约劳动型、节约资本型和中性三种类型；门茨将其分为"基础创新"和"二次创新"。在此分类基础上，不同学者又分别探索了技术创新的不同侧面和相应的问题，诸如技术创新的扩散、技术创新与市场结构、技术创新与企业规模、技术创新与行业进入以及技术创新与不确定性等。

运用新古典生产函数原理，索罗（R. Solow）认为，经济增长率取决于资本和劳动的增长率、资本和劳动的产出弹性以及随时间变化的技术创新，并在其 1951 年发表的《在资本化过程中的创新：对熊彼特理论的评论》一文中，首次提出了技术创新成立的两个条件，即新思想来源和后阶段发展。同时，其提出的增长模型包含技术进步的作用。根据他对增长原因测度的结果，促进人均收入增长的主要因素是资本投资和技术进步。在这两者之间，技术进步的影响更为显著。根据他的统计分析，美国经济增长大约有 80% 源于技术创新，仅 20% 源于资本积累。这意味着带来更多产出的原因是"技术的进步以及工人技能的提高"。

事实上，熊彼特之后的"创新理论"主要朝着技术创新经济学派和技术创新制度学派两个方向发展。戴维斯和诺思率先在制度创新领域进行了实质性开拓。制度创新与技术创新两者之间存在着某种相似性，无论是技术创新还是制度创新，只有当创新的预期收益超过创新预期成本时，才有可能发生。制度创新理论认为，制度创新是三个层面的创新，即个人、合作团体和政府。

美国学者纳尔逊和温特（Nelson and Winter，1982）提出，产品创新是企业家长期行为最重要的方面，并在生物进化理论的启发下，通过对创新过程机理的深入研究，创立了创新进化论这一独特新颖的理论分支，该研究成果极大地推动了技术创新和制度创新的融合。

希南德和琼斯（1998）指出，创新是公司内部任何生产或制造新产品的新方法，包含公司内产品样式的增加、生产过程管理系统、组织架构和策略的发展。同时，根据罗默（Romer，1990）的现代经济增长的经典理论，决定经济增长的重要因素是知识积累和技术进步，而研究开发则是知识积累和技术进步的源泉。

（二）自主创新能力指标构成

在企业技术创新能力界定及指标构成研究方面，国外学者主要在以下几方面进行了探索。

从组织行为学角度，伯格曼和曼迪奇将技术创新能力指标分为可利用资源及分配、对行业发展的理解能力、对技术发展的理解能力、结构和文化条件及战略管理能力。

从企业技术创新行为主体角度，巴顿认为，技术创新能力指标是由掌握专业知识的人和高级技工的技能、技术系统、管理系统的能力及企业的价值观组成的。

从产品创新能力和工艺创新能力角度，克拉克认为，产品创新能力是企业产品研制效率和综合商品质量的体现；工艺创新能力是企业生产工艺设备模具开发、小试生产及批量生产能力的综合测度指标。

企业创新活动的主要产出也被众多学者用来评价企业的创新能力，主要表现在专利数与新产品方面，较为典型的研究文献包括 Pakes 和 Grilichrs（1980）以及 Hausman（1984），在这两篇文献中，专利产出被作为研究对象，探讨了 R&D 投入对专利产出的影响。

部分文献在创新方面的研究对象是新产品开发和产出情况，代表文献是 Crepon 和 Mairesse（1998）、Pellegrino（2011），二者通过研究企业的新产品开发或者销售状况对企业的自主创新能力进行了研究。

另外，在国外研究文献中，关于 R&D 投入对企业产出影响也存在着众多的研究文献。Griliches（1979）将 R&D 投入作为企业的一项生产投入要素，并在其文献中将其作为企业的一项知识资本，得出了研发对生产率的影响等。其他关于这方面的实证文献主要有 Griliches 和 Mairesse（1984）、Hall 和 Mairesse（1995）等。

二　国内相关文献综述

与国外学者的研究相比，中国学者关于创新的研究起步较晚。傅家骥（1998）在其所著《技术创新学》一书中将技术创新战略模式分为自主创新、模仿创新和合作创新三种。技术创新是包括科技、组织、金融和商业等诸多活动的综合过程，它是企业家以获取商业利益为目标，通过把握市场的潜在盈利机会，重新组织生产要素和生产条件，建立效能更强、效率更高和费用更低的生产经营系统，在此基础之上，开辟新的市场，获得新的原材料或半成品供给来源，推出新的产品和新的生产方法，或者建立企业新的组织等。他认为，自主创新是"企业通过自身努力和探索，产生技术突破，攻破技术难关，并在此基础上，依靠自身的能力推动创新的后续环节，完成技术的商品化获取商业利益，达到预期目标的活动"。[①]

较早进行这方面研究的著作还有：常修泽的《现代企业创新论》（1994）、李宝山等的《集成管理：高科技时代的管理创新》（1998）、吴贵生的《技术创新管理》（2004）、侯先荣等的《企业创新管理理论与实践》（2003）、张平华的《中国企业创新管理》（2004）等。

支军和王忠辉（2007）认为，技术创新是一种以技术开发为主要内容、以企业为主体的网络化组织活动。技术创新是一个从新产品、新工艺的设想到生产，再到市场应用的完整过程，它包括新设想的产生、研究、开发、商业化生产到扩散这一系列活动。因此，技术创新应具备以下三个基本特征：一是技术创新必然伴随着技术的进步，单纯的组织创新不属于技术创新的内容；二是技术创新必然伴随着技术的产业化，单纯的基础科学研究、与市场没有直接联系的科技教育活动，均不应包括在内；三是技术创新是以企业为主体、社会其他组织为辅的网络化互动活动。[②]

将创新问题以"自主创新"概念提出，应当说是中国创造性的提法。中国政府 2004 年第一次明确地把自主创新作为调整国家经济结构的重要环节，随后又把自主创新提升到国家战略高度。中央和各省市都将自主创

---

① 傅家骥：《技术创新学》，清华大学出版社 1998 年版。
② 支军、王忠辉：《自主创新能力测度理论与评估指标体系构建》，《管理世界》2007 年第5 期。

新作为近年和"十一五"、"十二五"期间的一项重要工作来抓，希望其成为落实科学发展观、转变经济发展方式的重要手段。

王一鸣（2005）认为，从创新的本来意义上讲，技术创新是科技成果的商业化应用，这个过程主要应由企业来完成。企业必然是技术创新的主体。从一定意义上讲，技术创新是对企业而言的。一个国家自主创新能力的强弱主要是由企业决定的，提高自主创新能力的关键是提高企业自主创新能力。

张寿正（2006）提出，自主创新是提高核心能力的手段，而要做到这一点，需要转变观念，注重人才，产学研相结合，完善知识产权的保护。梅永红（2006）则从自主创新与国家利益的角度，阐述了自主创新对中国长远发展的作用。

崔金花（2006）提出了自主创新的三种类型，即原始创新、集成创新和消化吸收后再创新，指出中国的自主创新需要从实力、体制和人才三个方面来实现。陈锦华（2006）从六个方面阐述了自主创新要素，即企业的主体性、创新文化建立、市场导向、国内外社会资源的利用、人才激励和企业家精神。

宋河发（2006）认为，自主创新是指创新主体通过主动努力获得主导性创新产权，并获得主要创新收益而进行的、能形成长期竞争优势的创新活动。创新主体包括个人、企业、区域、产业和国家，创新产权主要指专利等技术类知识产权，创新收益包括创新获得的利润和技术进步。

提升企业的自主创新能力关系国家的核心竞争力和综合国力。国内较多学者也研究出较多关于提升企业自主创新的路径。周志丹等（2010）认为，由于创新方法是企业自主创新的根本之源，可拓学理论和可拓创新方法体系是企业开展自主创新方法研究的新路径。

苏屹等（2010）指出，原始创新能力低下是中国大型企业在国际竞争中缺乏核心竞争力的根本原因，对大型企业原始创新支持体系进行高效的再分配是提升大型企业原始创新能力的有效途径。高宁等（2010）表示，科技型中小企业可以采取补偿性发展模式提高自主创新能力。王娟等（2010）发现，控制创新成本，注重定量分析是提升企业自主创新的路径。汪建成等（2011）认为，激烈市场竞争中的后发企业可以通过由技术引进到消化吸收再到自主集成创新的集成创新模式构建自主创新能力。其他优化路径有杨燕（2010）认为的心理资本、兰斓（2011）指出的企业规模，以及葛沪飞等（2010）表示的企业自主研发信心等，可以从这些方面入手采取措施，提升自主创新能力。

三　关于自主创新能力指标构成的文献综述

对企业自主创新能力界定及其指标构成，国内学者从不同角度进行了探索。从产品、工艺创新视角，王伟强（1993）认为，技术创新能力可分为企业综合商品质量、产品研制周期、产品研制效率、样机生产周期、模具生产周期和工艺准备周期。从技术开发能力的综合视角，国家统计局的观点是把技术创新能力分为技术开发经费投入、科研人员、科研成果、技术转让、新产品销售和新产品出口六项指标。

曹崇延和王淮学（1998）认为，技术创新能力应分为研发能力、生产能力、组织管理能力、投入能力、营销能力、财务能力和产出能力七个指标体系。唐炎钊、邹珊刚（1999）将衡量技术创新能力的指标归纳为创新投入能力、创新管理能力、研究开发能力、产品制造能力以及市场营销能力五个。

曲国禹（1999）等认为，技术创新能力指标应设置技术创新投入（资源）、技术创新产出（效率）、技术创新实现（效益）3个指标类和17个指标项；许志晋等人认为，技术创新能力可分解为创新资源投入能力、创新组织管理能力、创新研究开发能力、创新产品制造能力和市场营销能力。傅家骥（2000）认为，将技术创新能力分解为六个创新能力要素，即创新资源投入能力、创新管理能力、创新倾向、研究开发能力、制造能力和营销能力；关士续认为，技术创新能力是由技术创新决策能力、研发能力、实施能力、实现能力与组织管理能力组成。

胡恩华（2001）认为，有关技术创新能力的指标有：管理能力、投入能力、研发能力、制造能力、销售能力、实现能力。王伟光（2003）归纳了技术创新能力测度方法，如研发指标法、专利指标法及生产率法。

陈钰芬（2005）表示，研发能力、设计能力、制造和生产能力以及创新产出是衡量技术创新能力的指标。张济波（2006）则简单归纳了三种衡量技术创新能力的一级指标，分别是创新投入水平、创新管理水平和创新产出水平。王凯、马庆国（2007）表示，投入能力、研发能力和产出能力三种指标可以很好地衡量技术创新水平。

关于企业自主创新能力评价的研究，库珀（Cooper，1976）提出了数据包络分析方法（DEA），用于对多投入、多产出的多个决策单元的效率进行评价，用于提供相似产出单位的效率。DEA 的实质是根据一组输入输出的观察值来确定有效生产前沿面。钱燕云（2004）以机械制造企业为例，运用 DEA 对技术创新效率和创新有效性进行了评价。层次分析法（AHP）则是通过定量和定性数据，获得各项指标的测度值，将其标准化，作无量纲处理，最后得出评价目标和评价得分。

李向波等（2007）运用 AHP 对企业的技术创新能力进行了实证评价。许志晋（1997）在企业技术创新能力和模糊综合评判中，根据模糊综合评判法（FCE）数学模型，探讨了企业技术创新能力评价的一般程序。杨宏进（1998）把技术创新能力的结构要素分解为创新资源投入能力、研发能力、制造能力、市场营销能力、创新管理能力以及创新产出能力六个方面，并根据技术创新各要素特点，在技术创新能力评价指标的选择上用多元统计分析中的"相关分析"方法对技术创新能力评价进行了探讨。

胡恩华（2001）在企业技术创新能力指标体系的构建及综合评价上，运用集合、权重和模糊数学方法，构建了企业技术创新能力的指标体系，提出了对企业技术创新能力进行综合评价的方法。柳卸林等（2002）在测度和分析中国区域创新能力之后，将其表述为一个地区将知识转化为新产品、新服务能力或者新工艺的行为。支军等（2007）认同了柳卸林等人的观点，指出自主创新能力不仅是一种技术创新能力，更是一种综合能力，是创新组织围绕市场开展各种创新活动的行为。

企业创新活动是一个复杂的过程，涉及创新的方方面面，包括创新动力、创新投入、创新过程等，除了以企业创新为核心外，还包括企业创新的外部因素，如技术、知识的转移、科学技术基础和创新的制度环境。

中国的专利数据有一定的保密性，所以，国内主流文献的研究对象是 R&D 对新产品产出的影响，例如，朱有为等（2006）为了测算估计了中国高新技术产业创新效率，运用随机前沿生产函数，将新产品销售收入作为研发活动的产出指标，将 R&D 资本投入以及研发人员作为投入指标，进行了相关研究；张海洋等（2011）在分析研发投入对新产品技术效率的影响过程中，通过方向性距离函数对新产品技术效率进行测算，提出衡量自主创新效率的有效标准是新产品技术效率。周亚虹等（2012）则通过企业的产出水平研究企业自主创新绩效，研究对象便是企业的研发活动对企业生产水平，即企业增加值的影响。

四 简单述评

中国对企业自主创新的研究起步较晚，直到 20 世纪 70 年代末 80 年代初，经济学家才开始将西方的技术创新模型引入国内，直到目前形成自己独特的自主创新理论和模型。但是，由于创新理论本身来自西方的经济学理论，所以，学者在对中国企业的自主创新进行研究时，就必然会或多或少地运用西方的创新理论，集中于在对西方背景下创新的研究，主要局限于局部或者个体的创新问题的研究，忽视了经济转型时期发展中国家创新变革过程中的制度分析和特性分析。

而国内的相关研究，有关自主创新大都探讨有关理论、方法和应用，涉及创新问题的不多，特别是对创新的关键要素和发展的具体举措，分析研究不足，也不太深入。从研究方法上，定性分析较多，定量分析较少。

自主创新能力不能简单地视为技术研发能力，而是有效组合各种技术资源从而获得知识产权和开发新产品的能力。企业若想在竞争中取得优势，势必要提高其技术能力和自主创新能力，包括利用资源及分配，对行业发展的理解能力、对技术发展的理解能力、结构和文化条件、战略管理能力等。

所以，中国学者在今后的研究中，要在借鉴西方经典创新理论和模型的同时，结合本国实际，分析问题的过程中要抓住问题的关键点，达到解决问题和提出发展路径的目的。

另外，没有任何方法可以应用于一切问题。以数据包络分析方法为例，其优点是可用于评价输入、输出数目都很多的对象，并且可以给出有益的管理信息，以指导各个单位改进工作方式和提高管理水平。但是，其缺点是由于 DEA 是相对效率的评价，它不能对某一对象的绝对效率进行评价，不能表明对象的实际技术水平。所以，学者在应用各种指标分析的时候，要注意扬长避短。

第三节 本书框架结构和主要研究内容

一 本书框架结构

本书共分为八章，其逻辑思路和结构安排如图 1 - 1 所示。

研究模块   研究重点

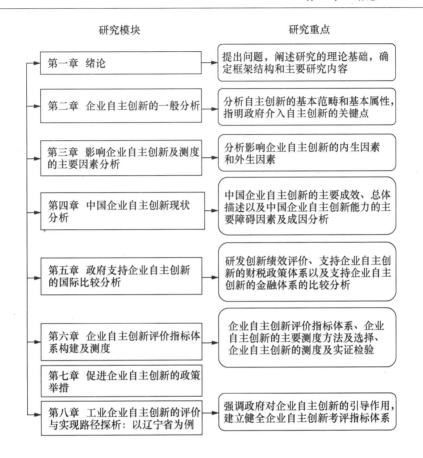

图1-1 本书研究模块与研究重点

二 主要研究内容

第一章首先提出问题，从实践价值和理论意义两个方面说明本书研究的有用性；对与本书内容相关的国内外文献进行分析评价，指出自主创新能力指标构成；列举框架结构和主要研究内容，并说明本书的创新与不足。

第二章界定自主创新的基本内涵以及企业自主创新的基本模式和主要功能；分析企业自主创新的基本属性，并由此引入政府介入自主创新的关键点。

第三章分析影响企业自主创新及测度的内生因素和外生因素。其中，内生因素主要包括企业的自主创新意识与企业家精神、创新利益目标与创新收益、创新能力及企业盈利水平和投入能力、创新权利的合理配置与创新人才及企业创新文化氛围等，外生因素主要包括工业化和产业发展阶段的本质要求、技术推动力与技术链和创新链的制约、需求拉动与市场竞争力等方面进行分析。

第四章对中国企业自主创新进行了较为客观的描述。肯定了中国自主创新的成效，包括创新发展战略更加明确、自主研发能力持续增强、创新产出成果丰硕等。但同时也指出了中国企业自主创新能力的主要障碍因素，并分析了这些障碍因素的成因。

第五章通过横向对比，指出运用财税手段支持企业自主创新的国际经验，并结合中国实际，提出了中国财税工具支持企业自主创新中存在的问题。同时分析了支持企业自主创新的金融体系，进一步借鉴国际经验，以支持企业自主创新。

第六章明确企业自主创新的内部和外部评价指标，指出了企业自主创新的测度方法，并运用因子分析法，分别以大中型工业企业和辽宁工业企业为例，测度了我国企业的自主创新能力。

第七章提出促进企业自主创新的资金和政策举措。应充分发挥政府对企业自主创新的引导作用，并建立健全企业自主创新考评指标体系。

第八章主要从辽宁省工业企业自主创新实际出发，描述辽宁省工业企业自主创新现状，提出了促进辽宁省工业企业自主创新的基本路径。

第四节　本书的研究方法及创新与不足

一　研究方法

本书采取以下三种研究方法：

（1）理论分析与实际分析相结合。理论分析与实际相结合可以使研究既建立在理论的基础上，又能有实践的依据。

（2）规范分析和实证分析相结合。规范分析以一定的价值判断为基础，回答"应该是什么"的问题。实证分析只研究经济变量之间的关系，进而分析和预测经济行为后果，回答"是什么"的问题。

（3）定性分析与定量分析相结合。定性分析法考虑问题全面，能够把握事物发展的主导方向，但也易受主观因素的影响，在一定程度上影响其结论的可信度。定量分析法把注意力集中于有关的历史数据，对于企业自主创新现状的分析建立在较多数据基础之上，通过构建评价指标体系进行量化分析。

二 创新和不足之处

（一）本书创新点

本书使用投入产出指标，运用数据包络分析法和 Malmquist 指数方法对不同国家研发投入产出活动进行评价。DEA 方法是一种评价多输入和多输出系统效率的有效方法，是由著名运筹学家库珀和卢因（Cooper and Lewin，1994）在相对评价效率上发展起来的。它已成为一种公认的有效评价方法，在多个研究领域发挥着重要作用。

（1）针对目前中国对企业自主创新研究分别从企业角度或从区域（国家）层面上加以分析，本书以政府介入企业自主创新为切入点，结合企业自主创新实际对企业自主创新进行分析。因此本书的创新点之一是将政府介入企业自主创新与企业本身的自主创新活动相结合，融为一体，找出论据阐述观点。

（2）在阐述支持企业自主创新的宏观政策环境时，突出阐释财政与税收两种手段的作用及作用点。

（3）在对企业自主创新进行定性分析的同时，还着重对企业自主创新活动进行定量分析，尤其是界定了企业自主创新的量化指标与量化方法，并对企业自主创新进行测度分析。

（二）不足之处

由于数据来源的局限性，本书在定性分析和定量分析方面，更加侧重于定性分析，在定量分析方面研究较少。更具系统性与科学性的企业自主创新测度，有待今后研究中加以补充和完善。

第二章

企业自主创新的一般分析

本章首先界定自主创新的基本内涵，阐述企业自主创新的基本模式和主要功能；探讨企业自主创新的基本属性，并在此基础上分析企业自主创新行为的公共产品属性，奠定政府介入企业自主创新的理论基础，进而指出政府支持企业自主创新行为和过程的着力点。

第一节　自主创新的基本范畴

一　自主创新的基本内涵

（一）创新

广义而言，创新的基本含义是指从外界引入或者在内部产生某种新事物，从而造成有益的变化。因为客观环境在不断地变化，人们要适应这个变化，就不能墨守成规，必须不断地采取新的举措，这就是创新。

从较为狭义的角度来说，创新是指在拥有自主知识产权的独特核心技术基础上，实现新产品的价值过程。但创新不仅仅指本土创新或完全依靠自己的创新，事实上，当代社会，企业完全依靠自身的力量而无视对发达国家先进技术的利用去搞技术开发，既不可能也没有必要。因此，若将创新只理解成为技术创新，这是不够全面的。

创新大体上可以分为技术创新、管理创新和制度创新三大类。技术创新是指将一种新产品、新工艺或新服务引入市场，实现其商业价值的过程；管理创新是指将一种新思想、新方法或新的组织形式引入企业管理，并取得相应效果的过程；而制度创新则是指将一种新关系、新体制或新机制引入社会经济活动，并推动经济社会发展的过程。

（二）自主创新

1. 内涵

自主创新是中国特色的一个概念，2005 年 10 月，中共十六届五中全会公报第一次明确提出自主创新，"立足科学发展，着力自主创新"。自主创新是指特定层次的组织对创新活动依靠内部创新主体自身起主导作用的创新。特定层次的组织是指企业、区域、国家等，因而自主创新包括企业自主创新、区域自主创新、国家自主创新等，具有明显的层次性特征。

从宏观角度看，国家自主创新是从国家战略角度表明一个国家产业技术的创新特征和发展路径。从中观角度看，区域自主创新是指区域对创新活动依靠内部创新主体自身起主导作用的创新。从微观角度看，自主创新是指企业通过自身努力和探索产生技术突破，攻破技术难关，并在此基础上，依靠自身的能力推动创新的后续环节，完成技术的商品化，获得商业利润，达到预期目标的活动。国家自主创新、区域自主创新与企业自主创新是相互影响、相互促进的。

企业创新是指企业为制造新产品、提供新技术和提高现有产品质量与生产效率的新工艺所进行的研发活动。企业创新的投入主要体现为企业的研发投入；企业创新活动的直接产出则体现为产品和生产工艺或技术的革新；创新活动的绩效最终将体现在企业增加值上。

2. 核心构成要素

（1）企业是自主创新的主体。企业是自主创新主体是指在企业创新的过程中，创新效果实现的主体是企业，尽管在创新的参与者当中包括政府、金融机构、高等院校或科研机构等，但企业在其中应当具有最大的控制能力，具有对创新投入、创新收益分配等环节的自主权，即一切创新产品或效果的最终要由企业来实现。这是由于企业始终处于市场的前沿，最了解市场需求，也只有企业在自主创新中占据主导地位时，才能充分发挥企业开展创新的主动性和积极性。

（2）掌握具有自主知识产权的核心技术或品牌。在科学技术空前发展的形势下，竞争变得越来越激烈，企业的获利空间逐渐被压缩，尤其是各国对知识产权保护的力度加大，使得企业能否在竞争中生存和发展也越来越取决于其能否通过创新掌握具有自主知识产权的技术或品牌等资产，否则企业很难在激烈的市场竞争环境中实现生存。

（3）培育自主创新能力。企业自主创新的能力决定了企业是否能够进行自主创新、是否能够拥有具有自主知识产权的品牌或者核心技术等资产，所以培育企业的自主创新能力至关重要。

二 企业自主创新的模式

（一）企业创新的基本模式

世界不同国家和地区的企业在创新的基本模式上有很大差异，总体可以分为技术赶超、价值链提升和颠覆式创新三种基本模式。

在中国，自主创新模式也随着企业创新能力的发展而发生变化。创造性模仿阶段主导的创新模式是价值链的提升；在自主创新第一阶段，主导的创新模式是颠覆性创新和技术跨越；技术跨越是自主创新第二阶段的主导的自主创新模式。

企业自主创新，包括企业从创新的想法产生到实现商业化运营的全过程，是以企业为主导，以新产品或新的服务方式为载体，以商业价值实现为目标的创造性的经济活动。创新不仅包括技术创新，还包括流程创新、组织创新、商业模式创新、市场创新等许多方面。

由于中国地域幅员辽阔，区域发展不平衡，产业布局存在差异，区域文化的多样性明显，中国自主创新是立体化、网络化结构体系，主要由企业创新体系、产业创新体系、区域创新体系、国家创新体系四个层面组成。

目前，中国自主创新发展的总趋势是走向开放式全面创新，这包括基于技术引进的消化吸收和再创新、要素整合基础上的集成创新和原始创新三个层次，也体现在企业、产业、区域和国家四个层面的包括技术创新、管理创新、制度创新在内的全面创新。

（二）企业自主创新类型[①]

加强企业自主创新、建设创新型国家已上升为国家长期发展战略，国务院于 2005 年年底发布了《国家中长期科学和技术发展规划纲要（2006—2020）》，并根据自主创新源和创新途径的不同，明确地提出了自主创新的三种类型，即原始创新、集成创新和引进消化吸收再创新。

1. 原始创新

（1）内涵。在自主创新的三种创新模式中，原始创新是最重要的一种创新模式。原始创新主要是指前所未有的重大科学发现、技术发明等独

---

① 张玉明：《企业自主创新与多元化资金支持》，经济科学出版社 2008 年版。

创性成果，主要体现在基础研究和应用基础研究领域，是一种根本性的改变，是独特的发明或发现。由于原始创新是技术进步的源泉，是自主创新活动中作用最为显著的一种，和其他创新模式相比，其往往具有较高的难度，但是，原始创新的成功往往会给一个民族的文明进步带来巨大的贡献。[①]

通过对世界范围内原始创新进行分析可以发现，对人类产生重要影响的原始创新主要有三次：英国推广蒸汽机应用和发展纺织产业对 18 世纪第一次工业革命的引领；德国以电气化和发展重化工产业所带来的 19 世纪第二次工业革命；美国以信息、生物技术方面的数项划时代的重大发明以及应用所开辟的 20 世纪的"新经济"时代。

由这些成果可以得知，企业的原始创新是指为实现企业预期目标，在一个相对较长的时期内，企业通过自身的不断努力，攻克技术难关、实现技术突破并依靠自身的能力实现创新成果产业化的创新过程。

原始创新能力的主要特点是创新的内生性、率先性和延展性；集成创新能力的核心是柔性生产能力和市场开拓能力；而决定引进消化吸收再创新成功的关键是对引进技术的选择和消化吸收能力。

（2）原始创新特征。

第一，原创性，即创新的原创性特征。原创性是企业依靠自身不断努力和发展所取得的成果，是企业通过创新获得的"独特"技术、产品以及创新过程中的创意的行为。

第二，突破性。是指原始创新是一种对现存技术的根本性的突破，这种突破性的变革会引发一个领域的突破性进展，进而影响世界的各个国家。

第三，周期长。原始创新成果的形成是一个前所未有的、漫长的、需要耗费长期努力和探索的过程。在原始创新过程中，没有任何可以借鉴的经验和模板，这就决定了创新过程的长期性和艰巨性。

第四，风险性。原始创新由于其自身的性质，存在着较大的风险。这种风险性主要来自创新成果和创新目标的不确定性，使得原始创新具有极低的成功率，企业也为此而面临着较大的考验。

由此可见，原始创新的重大意义是建立在企业所面临的巨大风险基础

---

① 李建建等：《中国自主创新的内涵及战略意义》，《科技与经济》2006 年第 1 期。

之上的。从这一点出发，企业在组织创新活动时，应结合自身能力，量力而行，避免因创新失败而给企业造成巨大损失。

原始创新是指依靠自身的努力和探索，产生核心技术或核心概念的突破，并在此基础上依靠企业自身的能力完成创新的后续环节，率先实现技术的商品化和市场开拓，向市场推出全新产品的一类创新行为。

企业开展原始创新可以采取与高等院校、科研院所联合攻关的方式，充分发挥这些机构人才聚集、科研成果集中、创新思维活跃的优势，将科研机构优势与企业的产业化优势结合起来，实现两者的优势互补。

2. 集成创新

（1）内涵。企业集成创新是指企业把各种要素优化组合，形成有市场竞争力的新产品、新工艺或新的生产方式。主要针对已有的单项技术，在剖析学习其技术特点基础上进行有机结合，是在系统集成思想指导下运用集成方法，将创新要素优化整合，创造出满足市场需求的技术或产品，并实现成果市场化的创新过程。

由此可以看出，集成创新与原始创新相比难度要小，这主要是由于集成创新是建立在已知市场需求基础之上，不确定性程度大大降低，所面临的风险程度也大大降低。在较小的风险水平上达到创新的目的，使得集成创新成为众多创新企业的首选。

（2）企业集成创新的特征。从企业集成创新的本质来看，它应具备以下几方面的特征：

第一，创造性和融合性。集成创新的创造性表现在它的创造性行为是优化各个生产要素，将其整合以实现有机融合为一个整体的过程。

第二，系统性。集成创新活动中，各个要素之间的关系较为复杂，它们不是简单的组合关系，而是相互联系、相互作用的有机整体，这个有机整体将各个要素进行整合，形成一种新的结构。

第三，风险小。这里所说的风险小是相对于原始创新而言的，由于集成创新是在了解市场需求的基础上进行的，不确定程度较小，一定程度上降低了遭遇风险的程度。

在全球竞争的大环境中，中国企业的自主创新能力还比较低，大部分企业还很难通过原始创新获得竞争优势，企业可以针对不同的创新领域，在不同的创新阶段，根据自身实际情况选择不同的创新模式，而充分利用国内外两种资源、两个市场，走集成创新道路是国内企业实现创新突破的关键点，也是中国现阶段自主创新的主要途径。

3. 引进消化吸收再创新

（1）内涵。引进消化吸收再创新是指在引进国内外先进技术基础上，整合企业各种资源，实现从技术引进到消化吸收到再次创新的实现过程。相比于前两者来说，这种方式较易实现，所以它是国家和企业提高竞争力及自主创新能力的重要途径。在现实中，表现为发达国家通过外商投资等方式将自身的先进技术输送给发展中国家，使得发展中国家通过引进吸收，实现自主创新活动，这在很大程度上促进了发展中国家的技术进步，降低了其创新的风险。

（2）技术引进消化吸收再创新的特征。

第一，周期短。这种创新方式不经过创新思维出现等过程，从时间上来说，大大缩短了创新的过程。

第二，成功率高。由于所引进的技术都是经历过市场检验的，可以有效地避免研发以及市场开发中的诸多不确定性因素影响，大大降低创新的风险性，使成功率比原始创新和集成创新相对要高得多。如中电投远达环保工程有限公司主要从事烟气脱硫脱硝项目总承包、烟气脱硫特许经营、脱硝催化剂制造、水务项目总承包、核电环保等业务。其从 2000 年成立以来，坚持引进吸收再创新的发展战略。

近年来，中国在引进技术的消化吸收方面积累了许多成功的经验。一个成功的案例就是三峡工程建设。在三峡工程的特大型水轮发电机组等重大装备设计制造中，通过技术引进、消化吸收和自主创新，使中国在特大型水力发电设备制造方面一举跨越了与国外近 30 年的差距。

（三）企业自主创新模式优劣比较

自主创新实现模式虽然程度不同，但它们形成了一个相对完整的体系。从某种程度上来说，虽然原始创新难度最大且代价最高，但是它的产生往往会带动科学技术实现质的飞跃，所以，原始创新是创新活动的基础；集成创新比较符合当前中国经济的发展水平，是企业所采取的主要创新形式，所以，集成创新是创新活动的关键形式。

技术引进消化吸收再创新是国家之间相互交流和互动所引起的，这就要求任何一个国家都不能闭关锁国，应积极借鉴和学习其他国家的先进经验，从而有效地推动本国经济的发展和企业的技术进步，所以，技术引进消化吸收再创新是创新活动的有效方式。

对于一个国家的发展来说，三种创新形式是相辅相成、密切联系的，且缺一不可。任何一个国家，既要学习别国的先进技术，又要积极推动本国技术创新活动的开展，打造属于自身的核心竞争力。对于一个企业来说，应根据实际需求，结合自身的实际发展能力和所处的发展阶段，找出创新活动的重点和适合自身的创新模式。由此可见，原始创新、集成创新和引进消化吸收再创新会以不同形式和不同内容出现在不同的企业之中。

创新的共同点为：研发能力是三种自主创新类型能力的核心能力；三种创新形式都以获得自主知识产权并实现技术成果的商业化作为企业自主创新成功的标志；三种创新的最终效果都需要在市场中得到检验。

三种创新类型的不同点在于：原始创新可以认为是相对独立的创新，研发的过程相对自立，从创新的产生、研发到市场化过程，都由实施原始创新的企业独立完成。原始创新在一定程度上主导了技术范式和技术轨迹的形成，而集成创新和引进消化吸收再创新可以看作是二次创新。

二次创新的主体是一个相对开放系统，二次创新的过程是一个积累进化的过程。而二者的不同点是：集成创新是基于对多种技术源的理解和掌握，依赖自身研发和市场开拓能力，创造新的经济增长点的自主创新模式。引进消化吸收再创新是在技术引进基础上形成的，受制于已有的技术范式，并沿既定技术轨迹发展的技术创新模式。

相对于原始创新、集成创新而言，引进消化吸收再创新对企业的要求较低，但这种创新模式的关键是对技术的消化吸收和在此基础上的再创新，不是单纯停留在技术引进上，而应该利用技术引进机会培养研发力量，提升自身创新能力，掌握核心技术和关键技术。从这一点来说，日本是引进消化吸收再创新的成功范例。

三　企业自主创新的主要功能

推进企业自主创新，提高企业自主创新能力，对促进企业可持续发展和加快中国经济发展方式转变具有重要的作用。

（一）自主创新提升企业核心竞争力

核心竞争力从本质上说是企业所拥有的、竞争对手难以模仿的、可以为企业创造价值的能力，是企业实现科学发展的基础。企业自主创新能力是企业核心竞争力的最重要的组成，企业自主创新能力的提升在一定程度上会推动企业核心竞争力的提高。

（二）自主创新为企业可持续发展奠定基础

不断进行自主创新是企业可持续发展的根本所在。不进行自主创新活动，企业发展就难以为继。企业自主创新的经济学意义就是通过开发新技术与新产品，获得超过市场平均利润的超额利润，在竞争中获胜。

从这个角度看，自主创新活动是企业持续稳定发展的关键，是企业的生命所在。在现实的市场经济中，只有企业能够提供可以激发消费者购买欲望，并且消费者认为值得购买的产品或服务，才能获得消费者的肯定、市场的认同和自身继续发展的基础。

（三）自主创新会使企业拥有核心技术

自主创新是企业拥有核心技术的源泉。在全球经济一体化的大背景下，由于经济政治竞争日趋激烈，引进别国的先进技术始终不是国家和企业发展的长远之计。在涉及国计民生和国家经济安全的关键领域，仍需要各国打造出属于自身的核心技术。

若国家和企业缺乏创新意识，没有好的政策引导去提高自身的自主创新能力，从而在国际竞争中缺乏核心技术和自主知识产权，则不仅会影响国家整体竞争能力的提高，使经济发展受制于人，更严重的是，这种核心技术的缺乏可能会威胁本国的经济安全和国家未来的独立发展。核心技术是企业拥有的竞争对手无法对其加以复制或者复制起来难度很大的独特技术。[1] 而自主创新活动是企业取得核心技术的一个重要途径，所以，核心技术的培育离不开企业的自主创新。

（四）自主创新会使企业拥有自主品牌

品牌是指一种名称、标记、符号或者图案，或者是这些要素的相互组合，是用来识别某个销售者或某群销售者的产品或服务，并使之与竞争对手的产品和服务相区别。品牌对企业来说至关重要，企业的产品要成功地进入市场，必须依靠一个好的品牌。企业的竞争说到底是品牌的竞争。企业如果想拥有自己的强大品牌，势必要培养和提高自身的自主创新能力，企业的自主创新活动支撑企业的优秀品牌。只有加大对传统产业的技术改造力度，不断地自主创新形成企业的自主品牌，才能使企业保持不被模仿的可能性，始终在市场竞争中处于优势地位。

---

[1]　吴晟、殷耀如、徐华：《中小企业的自主创新与核心竞争力的培育》，《特区经济》2006年第5期。

四　中国企业自主创新模式选择

中国企业自主创新模式如图 2 - 1 所示。中国自主创新的模式应当是：确立自主创新目标—自主创新设计—创新—获得自主知识产权—必要的知识产权引进—自主实施。在企业发展战略指导下，首先确立自主创新目标，从创新目标出发，进行自主创新设计，设计自主创新要达到的主要功能、指标，然后研究国内外现有技术的发展状况，确定自主创新模式。如果没有现有技术而且自己能够完成创新任务，则进行独立创新，此时的创新为原始创新。如果现有技术可以获得，现有技术是自有技术则可以进行集成创新，如果是他人技术则进行消化吸收再创新。

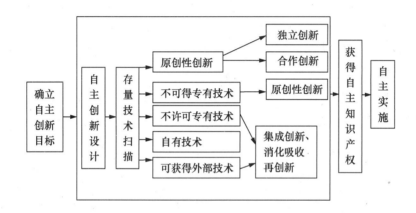

图 2 - 1　中国自主创新模式

第二节　企业自主创新基本属性及政府介入

一　企业自主创新的基本属性

（一）自主创新具有正外部性

1. 自主创新的技术溢出

自主创新的技术溢出是指从事自主创新活动的企业对同行企业及其他企业的技术进步产生的积极影响和促进作用。总的来说，企业内技术的产生与传播渠道有两种：一种是通过企业内部的自主创新活动来形成一项新的技术；另一种就是企业从外部其他企业的技术创新中获得这项技术，这也是上述的技术溢出。技术溢出说到底是个外部性问题。

当企业在自主创新过程中完成研发工作后形成了一项全新的技术，并打算将该项技术运用于新产品的生产或者用于技术转让，由于创新技术不具有独占性以及其部分具有公共产品属性，一旦市场中出现了创新技术，市场中的竞争性企业在产品超额利润的驱使下，就会竭力得到创新企业的先进技术，并且由于这些竞争性企业没有花费前期的研发成本、管理成本和人工成本等，使得竞争性企业可以轻易地在市场竞争中获胜，而给创新企业带来巨大的损失。上述现象是造成企业技术溢出的一个重要因素。

造成企业自主创新技术溢出的另一个原因就是企业人力资源的流出，尤其是企业中那些拥有创新技术的研发人员或者掌握创新活动进程信息的管理人员，他们为了追逐高额收入或者其他各种原因，将他们在企业自主创新过程中所掌握的知识和技术带到其他企业，供其他企业免费使用。

这样会造成两方面的影响：其一，会不利于先行进行自主创新活动的企业，影响其创新所产生的效益，并会侵占其大量的市场份额；其二，竞争性企业的技术开发费用和市场拓展费用等会在一定程度上大幅度节省，使其生产产品的成本大大降低。自主创新活动企业的成果在进入竞争性企业时，其知识和技术是隐性的，也就是说，在研究开发过程中，技术人员实际上已经将这部分知识和技术记于脑中，这些知识和技术会随着研发人员的流动而被带出原来的企业。所以，竞争企业在基本上没有成本投入的情况下，就可以不费吹灰之力地攫取企业进行自主创新活动所取得的创新成果。在现实生活中，在自主创新企业发展过程中这种隐性知识产权的流动与流失等情况是普遍存在的，并且给这些创新企业造成了巨大的经济损失，也因此影响了很多企业开展自主创新活动的积极性和主动性，抑制了企业自主创新能力的提高。

2. 自主创新的市场溢出

所谓自主创新的市场溢出，是指企业在完成自身创新项目之后，在向市场推出创新产品过程中可能会因为其他竞争性企业的技术抄袭或者技术溢出而导致该企业市场占有率的下降现象。也就是说，自主创新的市场溢出现象会造成"搭便车"行为。自主创新企业在整个自主创新的过程中除了要面对技术溢出的风险之外，还有可能遭受市场溢出的风险。因为企业在自主创新的过程中研究开发并生产出来的创新产品在其推出市场之前并没有现成的比较成熟的市场可以让企业直接进入，企业创新项目要想取得成功必须依靠自己的力量刺激和推动社会需求，以创造出对创新产品有需求的市场。

开发任何一个新市场都需要大量资金的投入，是一个比较长期的过程，而这个市场开拓的费用也是企业产品成本的一个组成部分。进行自主创新活动的企业在预期将自己的创新产品推向市场并通过自身的努力已经成功地推动和刺激社会需求，由于市场刚刚被开辟，还没有达到饱和状态且存在高额利润，很多企业便会蜂拥而至，产生"搭便车"行为。

从直观影响来看，"搭便车"的企业一方面可以利用自主创新企业的技术溢出成果，大规模地模仿、伪造自主创新企业的新产品；另一方面也会跟随创新企业进入自主创新企业已经开辟的市场，抢夺自主创新企业既定的市场份额；而且这些竞争对手依靠性能相似但价格却很低的产品快速地被市场接受和认可，替代创新产品而成为消费者的首选。事实上，由于技术本身的可复制性和中国自主知识产权保护力度较弱，大约60%的专利技术在4年之内就会被大规模仿制，大大缩短了自主创新企业创新产品的获利周期，盈利空间大为缩水，严重抑制了企业自主创新的积极性和主动性。

（二）自主创新收益的不确定性及高风险

不确定性是指事件的未来会出现多种不同的结果，而每种结果出现的概率又是无法得知的，由此可知，企业创新收益不确定性是指由于创新活动的风险性，使得企业不能确切地预计创新的多种可能给企业带来的最终结果，即创新活动的结果具有不确定性。企业创新收益的不确定性是技术不确定性、市场不确定性、资源不确定性、需求不确定性等所导致的结果。

企业自主创新是一个风险性较强的过程。由于市场需求等诸多因素的影响，企业从创新需求开始，到创新投入和产出，都具有较强的不确定性。从本质上说，风险主要是由于事物发生损失的不确定性引发的。由于企业自主创新是一个十分复杂的过程，在这一过程的不同环节存在着诸多不确定性，这些不确定性使企业自主创新过程充满了风险，而导致企业自主创新风险高的主要因素有环境复杂多变、技术的不确定性高、产品市场高度不确定性等。

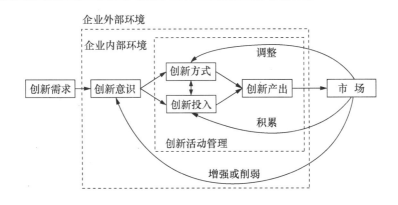

图 2-2 企业自主创新过程模型①

（三）自主创新的高投入与高收益

企业在开展自主创新活动时，事先也要进行成本和效益的分析，当企业预期获得的收益能够弥补其投入的成本时，企业才会选择进行自主创新。在经济活动领域，高风险是与高收益并存的，尽管创新的成功率较低，但创新产品实现产业化后，往往可以给企业带来丰厚的利润，否则也就没有企业愿意开展创新活动。

自主创新以高投入为显著特征，其研究开发需要大量资金投入，这是由于创新是知识密集型、人才密集型活动。自主创新需要大量高、精、尖设备的投入，其产品的快速更新、市场的快速发展及其产业化需要快速、大量的投入，其高投入主要体现在两个方面：一是从企业自主创新的技术领先性角度可知，创新的原创性需要进行大量投入；二是从自主创新的过程可以看出，创新活动的周期性使得投入需要持续不断地增加。

自主创新企业高投入的目的是要获得超过市场平均利润的高收益。企业进行自主创新活动产生的新技术在市场中往往处于技术领先地位，创新程度很高，利用这种技术所制造出的产品均是建立在技术含量很高的设计、工艺和手段的基础之上的，一旦开发成功并且在市场上获得广泛认可，这些产品成长速度就会越来越快，产生的收益也是传统产业收益所不能比拟的。

① 曹洪军、赵翔、黄少坚：《企业自主创新能力评价体系研究》，《中国工业经济》2009 年第 9 期。

（四）自主创新的阶段性

企业自主创新是一个从形成创意，经过企业内部开发，最终实现产业化的过程。因此，结合对企业自主创新的内涵分析及其特征分析，根据企业自主创新过程中技术和产品的成熟程度不同，可以将企业自主创新过程划分为创新项目决策阶段、研究开发阶段、工艺设计与产品导入阶段、规模化生产阶段和产业化实现阶段。如图 2 - 3 所示。

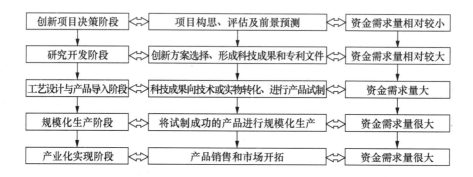

创新项目决策阶段	⟷	项目构思、评估及前景预测	⟷	资金需求量相对较小
研究开发阶段	⟷	创新方案选择、形成科技成果和专利文件	⟷	资金需求量相对较大
工艺设计与产品导入阶段	⟷	科技成果向技术或实物转化、进行产品试制	⟷	资金需求量大
规模化生产阶段	⟷	将试制成功的产品进行规模化生产	⟷	资金需求量很大
产业化实现阶段	⟷	产品销售和市场开拓	⟷	资金需求量很大

图 2 - 3　企业自主创新过程及自主创新各阶段资金需求特征①

此外，企业自主创新还具有高度技术和知识密集性及突破性等特征。创新是一项具有很高外部经济性的活动。任何产业的创新，不仅会推动本产业的发展，也给其他产业的发展以强大的推动。仅靠市场、科学技术等因素并不能自动提供一些有利于创新的外部环境，因此，还需要依靠政府的支持来促进自主创新。

政府虽然很少直接参与企业自主创新活动，但政府的行为会对企业的自主创新活动产生巨大的作用。政府公布的每一项利于企业自主创新的社会、科技、产业规划，制定的每一项有利于企业自主创新的财政、信贷、税收外贸政策和相关法律法规，都会激发企业自主创新的动机，有力地推动企业实施自主创新活动。政府的行为对其他外部动力因素也有一定的影响。

首先，政府的支持会增加市场的需求。例如，政府为推动高技术企业的创新而实施的采购行为，会形成很大的市场需求，从而刺激企业开展自

---

① 张玉明：《企业自主创新与多元资金支持》，经济科学出版社 2009 年版。

主创新活动。

其次，政府的支持会改变市场的竞争压力。政府对竞争不规范的市场进行干预，能够保护处于竞争劣势的企业；政府的一些扶持政策会保护竞争中处于劣势的中小企业，减少它们面临的竞争压力。

最后，政府的支持会推动科技的发展。政府通过各项科技政策加大对企业、大专院校、科研院所的科技经费投入，能够调动这些部门的创新积极性，有利于推动科学技术较快发展。改革开放以来，中国陆续出台了大量有关技术创新的政策措施。据不完全统计，涉及自主创新的政策就超过了2500项。然而，由于这些政策的制定部门、制定时期、针对的问题各异导致许多政策出现重复、相互矛盾等问题，从而造成政策实施效率低。

技术创新通常可以视为技术体系变更和组织方式创新以及两者与环境相适应可以使各类创新体系加快建设进程，但是，由于中国计划经济体制下形成的科研、开发和生产系统，致使企业自主创新主体地位尚未形成，面对国际竞争从最终产品前移到技术创新阶段，中国企业技术创新体系明显不适应。这就要求继续推进体制机制创新，建设以企业为主体、产学研有机结合的新型自主创新体系。

二　政府支持自主创新源于企业自主创新的属性

由于企业自主创新在一定程度上存在市场失灵，政府主动介入创新的必要性主要在于：

其一，创新成果的溢出性特征。创新者在知识和技术方面的创新，不仅会使自身受益，而且也有利于社会的发展。这种自主创新的外溢性特征也说明，创新活动的成本需要私人和社会来共同承担。这种社会成本就需要由政府作为社会代表来支付。

其二，涉及创新的知识和技术具有公共产品的属性，这种公共性特征不能只是依靠政府规制来克服模仿、偷窃等"搭便车"行为，更有必要将关系国家重大科技创新的项目纳入战略性计划之中，并通过财政资金对这类创新进行直接投资或者给予转移性支付。

（一）自主创新的外部性决定了政府必须介入企业自主创新

企业自主创新的外部性，是指由于企业的创新活动对外部经济体产生的经济影响，即自主创新对其他企业的"溢出效应"。自主创新的"溢出效应"主要表现在以下几个方面：

（1）自主创新的技术溢出。技术溢出是指自主创新的先行企业在获得技术突破后，其技术成果会通过各种途径"外溢"到其他企业，其他企业可以通过复制、模仿等手段快速掌握新技术，降低自主创新成本。

（2）自主创新的市场溢出。在自主创新企业开发和生产创新产品时，往往新产品还没有成熟的市场，用户还不能立刻接受创新产品。因此，创新企业需要投入大量的人力、物力和财力进行市场开发，推广创新产品。而一旦新产品市场被开发出来，用户已经愿意接受创新产品，市场规模迅速扩大，其他企业如果选择在这个时机进入市场，就可以节约大量的市场开发成本。

（3）自主创新的利益溢出。自主创新的利益溢出是指企业从事自主创新活动的经济和社会利益不能完全为自主创新企业独占或拥有，还会溢出到其他企业或社会。正由于企业自主创新存在较强的正外部性，不能通过市场机制本身自动地加以纠正，而只能通过非市场力量与手段去解决，这就要求政府出面介入企业自主创新。

（二）企业自主创新的资金市场失灵决定政府介入自主创新

企业自主创新需要资金支持，而支持企业自主创新的资金市场存在失灵现象，因此，从市场经济运行中的两大调控手段即市场调节与政府调节作用互补角度，需要政府的主动介入，以弥补资金市场活动的失灵问题。

企业自主创新的资金市场失灵主要体现在：自主创新需要经历技术研发、技术商品化和技术产业化阶段，技术研发又包括基础研究和应用研究。越是接近技术的产业化阶段，投资的风险越低，从投资效益与投资风险的均衡角度出发，投资机构一般愿意在技术产业化阶段进行投资，而不愿意在技术研发阶段，特别是基础性技术研究方面进行投资，都希望在其他企业或科研机构取得技术突破后，自己"搭便车"，降低研发风险。从中可以看出，企业自主创新的融资需要与资金支持不足的矛盾，是资金市场失灵的结果，因此政府介入是必然选择。

三 政府作用于企业自主创新的关键点

（一）政府对企业自主创新的投资引导

政府可以通过建立投资引导基金，采取阶段参股和跟进投资等形式，吸引民间资本对自主创新企业进行投资，政府资金发挥放大作用和引导作用，既扩大了投资规模，又能引导更多资金投资于企业自主创新。在投资引导的具体内容方面，不仅应注意投资引导主体政策的完善，更要注意相关配套措施体系的健全，达到正确引导企业投资的目的。

（二）政府对企业自主创新的政策扶持

金融机构和私人投资者之所以不愿意对自主创新企业进行投资，是因为投资的收益与风险不对称，承担风险的过高而获得的预期收益不足以补偿投资风险。政府的政策扶持应该从提高预期收益和降低投资风险两个角度出发，通过风险收益的再分配，使投资机构的收益与风险相对称。增加投资机构预期收益的扶持政策包括：降低投资所得税率、税收抵扣及退税；降低投资风险的扶持政策有投资损失补偿、再融资担保等。

（三）政府为企业自主创新提供完善的市场体系

企业自主创新需要一个完善的市场环境与之相配套，这包括多层次的资本市场体系、完善的市场中介服务机构，以及为企业自主创新提供相关服务的技术市场、产权交易市场等。为企业自主创新提供全方位融资支持的资本市场体系应包括创业资本市场、场外交易市场、创业板市场和主板市场。政府应该积极培育市场主体，加强市场基础设施和管理制度建设，提高政府的市场监管水平和服务水平，加快相关市场建设的步伐。

（四）政府优化企业自主创新的法律环境

从一定意义上说，市场经济就是法制经济，而企业自主创新同样需要有一个良好的法律环境。同时，法律建设是政府制度建设的重要组成部分，也是促进企业自主创新持续健康发展的前提。这就要求政府完善与企业自主创新有关的法律法规，健全保障企业自主创新的法律体系。

第三章

影响企业自主创新及测度的
主要因素分析

由于企业自主创新的生力军是企业自身，所以，企业的自主创新活动必然会受到自身存在的各种内生因素以及各种外生因素的影响。在内生因素方面，企业家的创新意识和企业家精神、创新利益目标和创新收益以及创新能力等因素是影响企业自主创新的重要因素；在外生因素方面，工业化和产业发展阶段、技术推动力与技术链和创新链、需求拉动与市场竞争力以及政府财税政策等都在一定的程度上影响企业的自主创新活动。

第一节　企业内生因素分析

内生因素即企业的内部影响因素，是指企业内部所存在的对技术创新活动产生影响和推动的因素。企业追求利润最大化，存在着获得超额利润和相对优势的内在动力，会积极参与市场竞争并提高自身竞争力。为此，企业自身会主动参与创新活动，完善内部各项制度，提高内部经营水平，并确保创新活动的有效性。

一　企业的自主创新意识与企业家能力

企业的自主创新意识与企业家精神是企业自主创新活动开展的动机。

（一）企业自主创新意识

企业自主创新的内在动力主要源于企业自身对超额利润和相对竞争优势的追求。这种追求使得企业积极主动地推行自主创新活动，制订相关的创新计划和开展相应的创新宣传等活动，积极解决创新过程中出现的问题。存在着创新精神和创新偏好的企业，会更加明确创新的出发点和目的等问题，在这些因素的引导下，企业的创新行为会在总的经济活动中更加明显，从而这类企业也最有可能成为将来的领军者，更有可能为行业的发展作出贡献。

对创新的主观价值判断，源于企业的创新利益目标、创新能力和所拥有的创新权利以及它们之间相互联系和相互作用的结果。企业的自主创新意识对于推动企业的创新活动具有决定性作用，任何企业都应该存在不创新就会被淘汰的危机意识，在市场活动的竞争过程中，积极主动地把握好各个机会，努力做本行业的领导者和推动者。

（二）企业家能力

企业家能力对于企业的自主创新尤为重要。其中，企业家勇于开拓和创新的精神及创新活动组织能力、保证创新成果的持续产出能力是关键的内在创新动力。

但在现实情况中，由于自主创新活动的高风险性和不确定性（其中风险概率高达70%以上），创新活动的失败率相对较高，而且创新活动和企业家的升迁没有必然的联系。此时，部分企业家也会动摇自己最初的想法，但是，这正是考验企业家能力的时候，优秀的企业家会坚持本企业自主创新活动的开展，从而提高自主创新活动成功的概率。同时，存在着更多放弃创新活动的企业家，由于这部分企业家的创新思维和创新动力不足，导致创新活动难以开展。

由合格的企业家和企业家精神所引导的自主创新是主动的创新能力的行为。具有创新意识的企业家能够保持对市场变动的警觉性，善于把握机遇；在高风险面前，有强烈的敬业精神和组织才能，能够带动一批专业人才完成自主创新任务。由此可以看出，企业家是企业自主创新的核心领导力量，企业家敢于创新，能从企业内部推动技术革新。

熊彼特指出，企业家是技术创新的主体。企业家决定企业各种资源的流向、结构和强度，是技术创新的统帅和灵魂。企业家是技术创新方向的把握者，是技术创新战略的制定者和技术创新资源的供给者，是技术创新体制、机制、文化的缔造者，是企业研发的培育者，是组织、协调的指挥者。

二　创新利益目标与创新收益

创新利益目标与创新收益是企业自主创新活动开展的目的。人类社会发展历史表明，人的欲望、利益是驱动经济和社会发展的根本动力。人类没有，也不可能有超越利益的行为。

（一）创新利益目标

利润最大化是企业进行一切活动的最终目标，创新活动自然也不例外。企业在进行自主创新活动之前，首先考虑的是该项活动的利益因素，能否给企业带来超额利润或者能否使企业领先于其他竞争性企业。如果创新活动的开展有利于企业提高自身利益，有利于企业通过创新活动达到预期目标，那么企业就会有积极开展该项活动的动力。

同时，企业在开展创新活动过程中，应明确自身的创新目标，不可浪费企业的人力、物力等资源。由此可见，创新活动所产生的创新利益是推动企业创新的关键动力，它可以引导企业在参与市场竞争活动过程中，配置部分资源进行创新活动，从而争取成为行业的领军者。

（二）创新收益

在一项创新活动开始之前，对创新利益的预期会诱导企业决策者思考是否创新和是否选择这项创新；创新成功之后，巨大的利益会激励企业继续创新；同时，也会诱导其他企业加入创新的行列。

从中国国有企业自主创新的利益存在方式来看，它包括物质利益和非物质利益；从行业的发展情况来看，它涉及创新活动所产生的行业利益和行业差距；从利益分配的对象看，它涉及国家、企业、员工之间的利益分配以及企业员工之间、经理与员工之间、创新人员与非创新人员之间的利益分配。

三　创新能力及企业盈利水平和投入能力

创新能力、盈利水平和投入能力是企业开展自主创新活动并实现创新利益目标的基础。企业的创新要求不仅取决于企业目标、企业家的创新意识、与创新本质的耦合程度，还取决于企业创新能力与企业目标和创新本质的耦合程度。

（一）创新能力和企业盈利能力

企业自主创新能力和企业盈利能力是影响企业自主创新的重要内生因素。其中，前者是指企业在创新过程中，充分发挥所拥有各种资源，获得创新收益的实力或者能力，企业自主创新实力或者能力越强，其获得创新收益的可能性越大。从自主创新能力的角度来看，自主创新能力与自主创新动力之间存在一种相辅相成的内在联系。

根据自主创新活动要求，企业应具备的相应能力包括但不限于创新技术能力、自主创新决策能力、信息能力、资金能力及正常的生产经营能力，上述能力是企业自主创新活动得以顺利实现的现实基础。

企业在进行自主创新活动之前，为保证创新活动的效率，会对自身所拥有的进行自主创新所必需的人力、资金、物质、信息等资源进行评估，对自己的自主创新决策能力和自主创新组织能力进行评估，并将自己拥有的自主创新资源与能力同竞争对手相比较，评估自主创新活动所带来的收益的大小，这些活动成功的可能性和可能获得的竞争优势，根据这些因素来决定是否进行自主创新活动。

企业创新能力与企业利益目标有机结合所形成的主观价值判断可以产生并强化企业从事自主创新的动机，同时，企业的创新能力又为实现企业的创新利益目标提供保障。

（二）企业投入能力

企业对创新活动的投入是影响企业创新活动的关键因素。企业技术创新的投入主要源于企业内部，企业内部决策对投入水平发挥着决定性作用。企业自主创新水平及能力与企业盈利水平和研发投入直接相关，企业盈利水平越高，则企业在研发方面的投入规模也越大。

当前，中国一大批企业盈利水平较低，特别是民营企业，低盈利水平导致了自主创新能力下降。相关数据表明，在中国目前的大中型企业中，专门设立了研发机构的企业所占比例为35%以下，研发投入仅占销售收入的比例约为0.5%，而主要发达国家已达到5%。

四　创新权利的合理配置与创新人才及企业创新文化氛围

（一）创新权利的合理配置

创新文化应具备必要的存在前提，其中，创新权利的合理配置是企业自主创新活动存在的重要前提。企业作为自主创新主体，其自主创新权利主要包括两个方面的含义：其一，企业开展自主创新的自主权；其二，企业自主创新成果的收益权。企业内部存在创新自主权是有效组织创新活动的基本要求，为获得竞争优势或者超额利润，企业应积极主动地使用这项权利，否则，企业就无法表现出主动的创新行为，也就难以通过创新获益；反过来说，不能保障企业自主创新成果的收益权，企业也就难以表现出主动创新的行为。从中国当前国有企业的现实状况看，落实国有企业创新权利的关键因素是改革企业的产权制度、理顺产权关系，同时，完善现代企业制度的建设。

多年来，中国企业最缺乏的资源是合作意识强烈的创新团队和高水平、高技术的团队带头人。对 945 家企业的调查表明，人才的普遍缺乏是各类企业发展障碍的关键，大约 45% 的大型企业、41.3% 的中型企业以及 66.4% 的小型企业存在这一障碍。而这些不利因素会大大降低企业的自主创新能力。

（二）企业创新文化氛围

企业文化的核心是人的价值理念，是企业制度安排在人的价值理念上的反映。企业成败的关键是有没有自主创新意识和自主创新能力，且二者缺一不可。而孕育企业创新能力的一个重要因素就是企业创新的文化氛围。当前，越来越多的企业在生产过程中往往急功近利，不重视培育和经营企业创新文化，并且忽视了企业文化在企业自主创新活动中的重要性，从而不利于企业价值观、文化理念和文化氛围的培养。

第二节　企业外生因素分析

企业自主创新的外生因素主要包括需求拉动力、技术推动力、政府政策影响力和市场竞争力等。

一　工业化和产业发展阶段的本质要求

工业化初始阶段，创新对企业发展的影响还不明显，因为经济发展主要由增加要素投入来推动，表现为数量扩张，各个企业在引进先进技术之后，会以更低的成本提高本企业的发展速度。工业化中期，质量的提高对企业的发展越来越重要，各个企业开始重视产品和服务质量的提升，自主创新活动所发挥的作用开始逐渐明显。

当前，自主创新对于企业的发展则表现出了至关重要的作用。结合中国实际，经济社会发展的多样性和多层次性，对高新技术产业的需求使得众多企业更加重视科技的作用，积极开展自主创新活动。

二　技术推动力与技术链和创新链的制约

企业自主创新活动和科学技术的重大突破是分不开的。企业的创新活动越活跃，出现创新成果的概率越大。创新成果会给企业带来行业优势和超额利润，有助于企业商业目标的成功，这些也刺激各个企业积极开展自主创新活动，不断增加在科研方面的资金投入。

技术发展推动自主创新，一般是通过以下方法完成的：

其一，新技术思想的诱导。研发投入产生的新技术思想，往往会诱发和引导各个企业去组织自主创新活动，并快速地将自主创新成果投入商业化运营。

其二，技术预期。包含技术寿命预期和技术经济效益预期两种。当企业家预期研发产生的某项技术寿命周期较长，其应用可能带来较高的经济效益时，企业就会将这一技术投入商业化运营之中。

其三，技术轨道。重大的技术进展一旦范式化，就会成为技术轨道。在这条轨道上，一项技术商业化会带动其他同类创新，这些创新会在已开辟的轨道之中，自发地启动并完成多项渐进创新。所以，科学技术进步对企业自主创新的推动作用效果显著。

现代产业技术通常呈现技术链形态，单项技术创新很难取得重大突破。对于绝大多数企业特别是中小企业而言，要进行系统性的技术开发，是相当困难的。受到"木桶原理"的制约，单项技术的突破往往得不到相应的市场支持。因此，必须推进整合自主创新，形成现代技术链和创新链。

三　需求拉动与市场竞争力

在市场主导资源配置条件下，自主创新的动力来自生产和消费的需要。市场需求是激励和提升自主创新能力的重要源泉。随着市场经济的不断发展，人们对商品和服务的种类、数量及构成都提出了更高的要求，同时也愿意支付更高的价格来获得这些商品和服务，从而创造了市场需求。而市场需求又可以为企业提供创新思路、创新机会，诱发企业制定创新战略。企业通过自主创新，生产适销产品，满足市场需求，从中获得经营利润；企业从自主创新得到好处，就会产生持续创新的内在冲动，不断地进行自主创新活动，得到更多的利润。因此可以说，需求拉动是企业持续自主创新的主要动力。

市场经济的本质是竞争经济，市场竞争是促进经济发展的最大动因，同样，市场竞争压力也是推动自主创新发展的强大动力。随着经济全球化的发展，市场竞争已经成为经济生活中的常态。为了保证自身不在竞争中被淘汰、兼并，以及为了取得竞争优势和发展，企业必须以各种手段增强其竞争实力。

从短期效应看，改善经营管理、加强经济核算、节约开支、降低成本是可供选择的有效途径。从长期效应看，进行自主创新，取得一定时期的技术优势和技术垄断，是企业维持长久生存、获得高额利润最根本、最可靠的手段。企业追求高新技术，竞相进行技术开发与创新，其目的在于赢得竞争优势，迫使竞争对手也要相继创新，从而形成一个创新热潮。而在某些高新技术在整个生产部门被普遍应用，即达到技术平均化以后，那些最先采用高新技术的企业不能再独占超额利润，会进一步谋求更高层次的自主创新。企业对自主创新的不懈追求，以及新的科技成果不断转化为新的工艺和新的产品，使得市场需求不断被满足又不断被更新，同时，也把市场竞争和自主创新推向新的更高的水平。因此，竞争是市场机制激发企业自主创新行为的重要动力因素。

市场竞争是企业自主创新的外部压力，促使企业为战胜竞争对手、赢得市场优势地位进行更有效的创新活动，诱导企业开发适销对路、物美价廉的产品。通常是创新产品的市场盈利空间越大，市场竞争越激烈，企业的危机感、紧迫感越强烈，企业创新的动力越强，就越愿意加大创新投入，进而促使企业加强产品和技术创新以赢得更广泛的生存空间。

四　政府财税政策激励

针对企业自主创新活动具有公共产品的性质、外部性问题以及不确定性，目前，政府对企业自主创新活动的保护和支持主要集中在两个方面：

（1）针对"搭便车"问题。明确企业自主创新活动的成果的产权，例如，制定专利制度等法律法规。

（2）利用财税手段对企业自主创新活动给予适当的激励，以此降低企业自主创新活动的边际成本，或者增加自主创新活动的边际收益，使企业自主创新的私人边际成本等于社会边际收益，从而使企业对自主创新的投入达到社会最优化程度。政府财税手段激励企业自主创新，通常可以采取直接支持和间接支持两种方式。

（一）政府对企业自主创新给予适当投入或补贴影响自主创新的作用机制分析

由于外部性这种市场失灵现象的存在，政府有必要充分发挥其政策引导性作用，来介入企业自主创新过程。政府介入企业自主创新的作用原理如图3－1所示。通过图3－1可以发现，一方面，由于自主创新遵循边际收益递减规律，所以其边际收益曲线呈现向下倾斜状态；另一方面，如果企业自主创新的边际成本是缓慢上升的，则边际成本曲线呈现向上倾斜状态。

在政府没有介入企业自主创新过程时，市场均衡可由边际成本曲线和私人边际收益曲线相交时实现，体现在图 3 - 1 中，即为 A 点。此时，企业自主创新的投入水平为 X，市场的均衡价格为 P。由于企业自主创新活动外部性的存在，政府会对其进行投入或补贴，此时，私人部门和公共部门的边际收益之和构成了社会总的边际收益，所以，社会总的边际收益曲线也是建立在私人部门和公共部门的基础之上的，即社会总的边际收益曲线高于私人边际收益曲线。由图 3 - 1 可以看出，由于外部性的存在，社会总的边际收益曲线和边际成本的交点 B 是社会最优均衡，此时，社会最优的自主创新水平是 X'，均衡价格水平是 P + R。

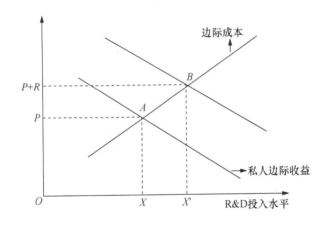

图 3 - 1　政府投入或补贴对企业自主创新的影响

可以确定的是，在企业自主创新过程中，如果仅通过市场这只"看不见的手"来影响创新，而没有政府的投入或者补贴发挥调节作用，则企业的自主创新投入水平仅仅能达到 X，比社会最优的自主创新投入水平 X'要低，所以，需要通过政府的财政补贴弥补由于外部性所导致的自主创新主体的收益损失。

当采取政府投入或补贴政策后，自主创新投入水平从 X 上升到 X'，相应的均衡价格为 P + R。其中，P 是市场价格部分，可以通过市场机制收费来实现，它对应着私人边际收益曲线；而 R 是通过企业自主创新的公共产品的外部性和其他相关特性而实现的社会收益，是由政府公共部门支付的，应该通过政府补贴或投入来支付给自主创新的企业。

在 A 点上，可以看出，企业自主创新的社会总体收益大大高于私人部门所得到的私人收益，这表示大部分企业无法完全独自享有其自主创新活动所带来的全部收益，因为其他企业可以从自主创新企业的研发成果中"搭便车"，借鉴其创新成果，并在此基础上超过原有的自主创新企业，然后通过市场竞争，把原来的自主创新企业挤出市场。

在 B 点上，由于政府对企业自主创新的投入或补贴增加了企业自主创新的收益，在很大程度上弥补了由自主创新成果所带来的私人收益与社会收益之间的差额，所以，企业自主创新的投入水平才会从 X 上升到 X'，从而增加自主创新的产出。

（二）税收激励对企业自主创新的成本与收益的影响机制分析

税收政策对企业自主创新的支持主要是通过制定有利于企业自主创新的税收优惠政策来实现的。从本质上讲，税收优惠政策是政府放弃了一部分根据法律应该强制征收的政府收入，将这部分政府收入让渡给自主创新的企业主体。根据税法，如果让渡的这部分政府收入发生在企业自主创新过程中，它将体现为自主创新主体的自主创新成本或支出的减少；如果让渡的这部分收入体现在自主创新活动的结果中，它将增加企业自主创新活动带来的收益。

税收影响企业自主创新活动成本和收益的作用是十分重要和有效的，自主创新主体对此的反应是直接和敏感的。无论政府对企业自主创新活动实行税收优惠措施是相当于降低企业自主创新的成本，还是增加了企业自主创新的收益，借鉴消费者选择模型，可以认为是企业自主创新的"价格"的下降。

图 3 - 2 显示了当税收优惠时体现在企业自主创新的过程中对自主创新的影响。政府在实行税收优惠前，企业自主创新活动的预算约束线为AB；当政府对企业自主创新活动实行税收优惠后，相比没有实施税收激励时，企业"购买"自主创新活动的价格下降，预算约束线由 AB 移动到AC，此时，对于自主创新主体的决策而言，将产生两种效应：替代效应和收入效应，而总效应 = 替代效应 + 收入效应。

在这里，替代效应是指由于企业自主创新活动价格下降而引起的与其他活动相对"价格"发生变动，从而导致在保持效用不变条件下，对两种活动需求量的改变；而收入效应指的是由于企业自主创新活动价格下降而引起的研发主体实际收入发生变动，从而导致对两种活动需求量的改变。

由于政府对企业自主创新活动给予税收优惠，企业自主创新活动相对于其他活动的"价格"变得更便宜。因此，在保持总收益不变的情况下，会增加自主创新活动，而相对减少其他活动。那么，要保持 $P_x/P_y = MU_x/MU_y$ 的条件成立，可能的选择要么是 MU_y 不变，MU_x 同比下降，即增加自主创新活动的消费量；要么 MU_x 比 MU_y 保持更大程度的下降，即同时增加两种活动的消费量。现实中，更常见的是两者同时下降，一方面，会消费更多的自主创新活动，致使 MU_x 下降；另一方面，也会消费部分其他活动，致使 MU_y 下降，只是没有前者的幅度大而已。

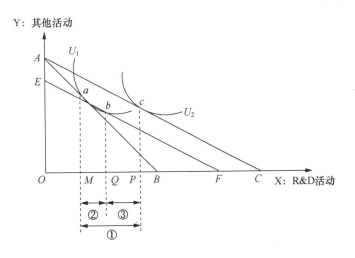

说明：①、②、③分别表示总效应、替代效应、收入效应。

图 3 – 2　税收激励对企业自主创新的影响

如图 3 – 2 所示，当不存在税收优惠时，自主创新主体在原有预算约束上与最大效用无差异曲线相切于 a 点，类似消费者选择模型，该点为决策最佳点，其最佳选择是 M 的自主创新投入量，政府实行针对企业自主创新活动税收优惠后，自主创新主体在保持效用不变的情况下，自主创新投入量达到点 Q，$(Q-M)$ 即为实施税收优惠对企业自主创新活动所产生的替代效应。

另外，由于企业自主创新活动的"购买价格"变得更加便宜，相当于可支配收入的增加，将发生收入效应，自主创新的主体会有更多的实际收入用于支持自主创新活动和其他活动，$(P-Q)$即为实施税收优惠所产生的收入效应。因此，政府实行税收优惠政策激励企业自主创新活动产生的总效应为$(P-M)$。在对企业自主创新实行税收优惠的条件下，企业自主创新活动的成本将会降低，即P_x下降，而P_y保持不变，自主创新的主体在效用最大化时的选择处于$P_x/P_y = MU_x/MU_y$点，那么P_x/P_y将会下降，如果自主创新主体仍希望保持均衡，只有使MU_x/MU_y同程度下降。

因此，在其他条件不变的情况下，对企业自主创新的税收优惠激励机制产生的总效应会受到Pt、MU_x、MU_y的影响，其中，t指的是税收优惠程度，MU_x、MU_y分别表示企业自主创新活动和其他活动的预期收益曲线。

（三）支持企业自主创新活动的政府财税两种方式的比较

支持自主创新政府采取直接投入或补贴的方式其主要原因有三点：

第一，直接投入或补贴的政策性较强，可以更加直接地体现政府的产业、行业及技术导向。通过差别性的投入或补贴政策，有利于改变自主创新资源在不同行业间的配置，促进目标产业的优先发展。

第二，政府投入或补贴是一种事前支持方式，通常发生在企业自主创新活动之前，支持强度比较大，而且对促进企业自主创新的激励效果较好。同时要求受资助企业必须配套一定资金，借以发挥财政投入的乘数效应。相较而言，税收优惠政策属于事后激励。

第三，相对于税收优惠激励的分散支持而言，财政直接投入或补贴具有较强的针对性，有助于为体现政策目标筹集资金。与财政直接投入相比较，支持企业自主创新的税收优惠政策受惠对象作用面比较广，具有普遍性。所以，当政府目标在于提高全社会或整个产业的自主创新投入和竞争力时，可以运用税收优惠激励机制。当政府的目标在于迅速推进某一产业或企业的自主创新时，应当选择政府直接投入方式。

第四章

中国企业自主创新现状分析

本章针对中国企业自主创新进行描述，从而肯定中国企业自主创新所取得的主要成效，同时也要指出影响中国企业自主创新能力的主要障碍，并分析障碍因素的成因。

第一节　中国企业自主创新主要成效

一　自主创新发展战略更加明确

转轨时期，中国的创新发展战略更加明确，科技发展规划和制度建设对于企业创新活动的发展也越来越重要，无论是中国自身的实践，还是国外经验的借鉴，一系列的活动已经开始进行。在国与国之间、企业与企业之间竞争日趋激烈的今天，企业应坚持主营业务推动观念，强化企业发展目标导向的顶层设计，制定企业科技发展规划。同时，根据产业链、业务面和发展的时间进度要求，优化配置企业科技资源。

在着力解决企业结构调整和产业升级过程中重大技术障碍的同时，结合企业自身的长远发展目标，提前对企业科技开发活动和创新活动进行规划和部署。如宝钢集团有限公司围绕主业制定并实施了《宝钢技术创新体系发展纲要》，提出"以市场为导向，依靠自主创新，至 2020 年拥有一批高端钢铁精品，拥有具有自主知识产权的世界一流技术及重大专有技术，发展成为世界钢铁行业拥有核心竞争力的技术领先者"。

除此之外，应规范科技规划、科技投入、项目管理、平台建设、知识产权管理、人才培养、创新评价、考核激励等方面的建设，探索建立了合理的规章制度和办法，提高企业创新活动的管理水平。

中国政府为企业自主创新提供了良好的政策平台和支持，为促进自主创新做出了若干重要决策和政策。2008 年实现内外资企业所得税并轨，取消了针对地区的税收优惠，但保留了对高新技术企业的优惠。

全国人大及其常委会还修订了公司法、证券法、科学技术进步法，国务院颁布了《国家中长期科学和技术发展规划纲要（2006—2020）》，发布了《实施〈国家中长期科学和技术纲要（2006—2020）〉的若干配套政策》，批准实施了核心电子器件、高端通用芯片及基础软件、重大新药创制、载人航天与探月工程等 16 个重大专项，涉及信息、生物等战略产业领域，能源资源环境和人民健康等重大紧迫问题，以及军民两用技术和国防技术。目前，中国已经有包括国家重大科技基础设施建设、国家科技计划、知识创新工程、技术创新工程等重大计划与工程，形成了从研究实验、

表 4 - 1　　　　　　　　　　中国的创新体系

类　型	名　　称	总　量	启动时间（年）	主管部门
研究实验	国家重点实验室	258	1984	科技部
	国家实验室（筹）	6	2003	科技部
	知识创新工程基地	10	1999	中国科学院
	大科学工程	33	1984	国家发改委、中国科学院
	野外科学观测台站	105	—	科技部、中国科学院
技术开发与工程化	国家工程技术研究中心	235	1992	科技部
	国家级企业技术中心	575	1993	国家发改委、科技部
	国家工程实验室	105	2006	国家发改委
产业化与创新服务	国家级科技企业孵化器	195	1987	科技部
	国家级生产力促进中心	125	1992	科技部
	大学科技园	62	1999	科技部
	农业科技园	36	2001	科技部
	技术转移示范中心	143	2008	科技部
	特色产业基地	169	1997	科技部
	软件产业基地	34	1995	科技部
	国际科技合作基地	85	2007	科技部
	"863" 产业化基地	237	2002	科技部
	国家级高新区	55	1992	科技部
	科技基础条件平台	35	2005	科技部、财政部
合计	—	2505	—	—

资料来源：张永伟：《从追赶到前沿——技术创新与产业升级之路》，中信出版社 2011 年版。

技术研发与工程化、技术转移到产业化较完整的创新链布局。这些创新组织，对于培养创新人才和集聚创新资源等方面发挥了重要作用，促进了中国自主创新能力的提升。

二　自主研发能力持续增强

通过开展企业自主创新活动和积极推动科技体制创新，长期困扰企业的部分问题得到了一定程度的解决，如产研脱节、科研成果转化不畅和科研开发短期化倾向等，这使得企业技术创新体系不断完善。同时，企业为了提高自身的研发能力，加大了对研发资金、科研基础条件平台建设和科技人才队伍建设等方面的投入力度。具体表现在以下三个方面：

其一，企业技术创新体系逐步完善。企业按照优化资源配置、培育企业核心竞争力的要求，加大内部科技资源整合力度。如中国石油化工集团公司推进40个企业重点实验室、试验基地建设，不断强化总部层面研究院所和技术中心，构建"一个整体、两个层次"的技术创新体系。

其二，科技投入水平逐年提高。通过建立科技专项基金，明确企业科技投入比例并纳入业绩考核体系等措施，企业初步建立起科技投入稳定增长的长效机制，使得科技投入水平在一定程度上有所提高。许多中央企业确定"十一五"期间研发投入年均增长率达到20%以上。

其三，"人才强企"战略得到有效落实。主要体现在注重畅通人才发展渠道，创新人才管理模式，营造科研人才脱颖而出的成长环境。如中国兵器工业集团公司首席专家、中国南方电网有限责任公司的特级技术专家享受不低于分、子公司领导班子正职待遇；注重吸引高端人才，强化创新激励机制，加强职工队伍建设。如武汉钢铁（集团）公司设立1亿元奖励基金，重奖做出突出贡献的科技人员，2009年，该企业虽然受到金融危机的冲击，但是其科技奖励金额仍然高达3000万元。又如，宝钢集团有限公司建立了2000多个职工创新小组，一大批"工人发明家"、"最佳实践者"在企业内部不断出现，企业的自主研发能力大大增强。

三　创新成果丰硕，经济效益明显提升

从单个企业来看，电信科学技术研究院、中国石油化工集团公司、中国航天科技集团公司、国家电网公司四家中央企业2009年发明专利申请过千件。新产品销售收入直接反映企业通过创新实现经济效益的状况。

2009年，创新型（试点）中央企业的新产品销售收入达到16225亿元，占主营业务收入的比重达16.8%。中央企业的经济实力和规模明显提高，经济效益明显改善。2009 年，中央 129 家企业实现主营业务收入 126272 亿元，实现利润总额 8151 亿元，上缴税金 11475 亿元。

以 100 强企业为例，新产品策略以降低成本为主。在 100 强企业中，新产品生产策略主要为：以销定产，控制库存量，降低成本的企业 69 家；以产定销，有大量库存积压，生产成本高的企业 1 家；其他生产策略的企业 11 家；小批量生产，快速响应市场变化的企业 26 家。从中可以看出大部分企业还是选择以销定产，控制库存量，降低成本的新产品生产策略（占企业总数的 69%），这反映出在当前快速变化的技术和市场环境下，中国传统大企业主导的新产品生产策略选择，更加强调生产导向，强调规模经济性。另外是采取小批量生产，快速响应市场变化的新产品生产策略（大约占企业总数的 26%），表明有部分企业紧跟市场需求，制定了更加灵活的新产品生产策略，实现了从规模制造向弹性制造的转变，是一种更加适应市场环境和企业发展与创新的方式选择。

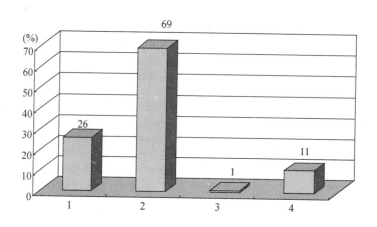

说明："1"表示小批量生产，快速响应市场变化；"2"表示以销定产，控制库存量，降低成本；"3"表示以产定销，有大量库存挤压，生产成本高；"4"表示其他。

图 4-1　TOP100 企业新产品生产策略选择

资料来源：《中国企业自主创新评价报告》（2009），中国经济出版社 2009 年版。

TOP 100 企业创新产品销售收入实现了大幅度增长。2007 年，TOP100 企业创新产品总销售收入约为 3091.57 亿元，比 2006 年同比增长 46.17%。其中，新产品销售收入最高的是国有企业，占新产品总销售收入的 63.23%；排名第二位的是股份有限公司，新产品销售收入所占比重为 21.56%；排名第三位的是有限责任公司，其新产品销售收入总额为 501.06 亿元，新产品销售收入所占比重为 11.93%；而私人企业、"三资"企业、股份合作及其他企业在新产品总销售收入中所占的比重均非常小，这四者的新产品销售收入总和在新产品总销售收入中所占的比重也仅为 3.28%。

国务院发展研究中心下属的中国企业评价协会日前发布的《中国企业自主创新评价报告》（2010）显示，2009 年，入围中国企业自主创新 100 强名单的工业企业新产品销售收入占企业销售收入的比重为 48.73%，超过国家统计局公布的 2008 年中国制造业企业 11.62% 的全国平均水平。而国有企业新产品销售收入所占比重最大，达到 40%，表明国有企业由于在资金、人才、技术等方面的优势，依然是企业创新的重要主体之一。

《中国创新型企业发展报告》（2011）显示，2010 年，创新型企业 100 强主营业务收入达到 7.86 万亿元，占全国大中型工业企业的 18.2%；企业研发经费支出总额为 1246.4 亿元，占全国大中型工业企业的 31%；新产品的销售额近 1.2 万亿元，占全国大中型工业企业的 16.4%。

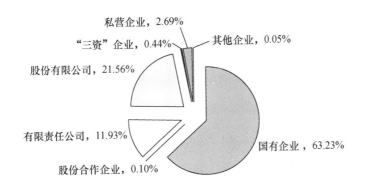

图 4-2　创新产品销售收入按企业经济类型划分情况

资料来源：中国企业评价协会编：《中国企业自主创新评价报告》（2009），中国经济出版社 2009 年版。

中国企业的自主研发项目的成功率得到了很大程度的提高。2005—2007 年，100 强企业的研发项目成功率达到了 79.9%。这主要是因为中国企业自主研发能力得到了提高，失败的概率得到一定程度的降低。更重要的是，中国大部分企业过于保守，在进行研发项目的选择时，往往会大力投资于风险性较小的应用性开发项目，而忽视基础性研究项目。这些情况也引发了中国企业的基础性研究严重不足，大部分企业没有自身的核心竞争力，而只能成为别国企业的技术追随者，导致了大量资源流失。

中国企业申报与获得专利数量显著增长。2005—2007 年，100 强企业共获得发明专利授权 1656 项，平均每家企业每年约为 5 项，远远高于2000 年的 0.74 项，发明专利授权比例也从 2000 年的 8.9% 提高到 2007年的 18.4%。这表明中国企业在近几年的发展过程中，在授权专利方面，不仅获得了数量上的突破，在质量方面也取得了显著的提高。2000—2009年中国专利受理及授权具体情况如表 4-2 和图 4-3 所示。

《中国创新型企业发展报告》（2011）显示，2010 年，创新型企业100 强发明专利拥有量为 4.6 万件，占全国大中型工业企业的 40.7%。2011 年 12 月，汤森路透发布报告称，2011 年，中国超越美国和日本成为全球申请专利最多的国家。该报告预计，2015 年，中国申请的专利数量将达到近 50 万项，而美国约为 40 万项，日本约为 30 万项。

表 4-2 　　　　　　　　**近年来中国专利受理及授权情况**

年份	发明专利				专利总量			
	受理数（千项）		授权数（千项）		受理数（千项）		授权数（千项）	
	国内申请	国外申请	国内申请	国外申请	国内申请	国外申请	国内申请	国外申请
2000	25.35	—	6.18	6.51	140.34	—	95.24	—
2001	30.04	—	5.40	10.90	165.77	—	99.28	—
2002	39.81	—	5.87	15.61	205.54	—	112.10	—
2003	56.77	—	11.40	25.75	251.24	—	149.59	—
2004	65.79	64.02	18.24	31.12	278.94	74.39	151.33	38.68
2005	93.49	—	20.71	32.60	383.16	—	171.62	—
2006	122.32	88.17	25.08	32.71	470.34	102.84	223.86	44.14
2007	153.06	92.10	31.95	36.00	586.50	107.42	301.63	50.15
2008	194.58	95.26	46.59	47.12	717.14	111.18	352.41	59.58
2009	229.10	85.48	65.39	63.10	877.61	99.08	501.79	80.21

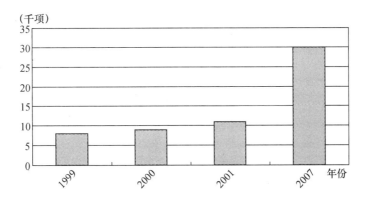

图 4-3　平均每家企业每年的授权专利数

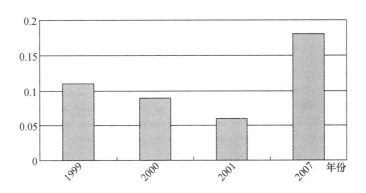

图 4-4　发明专利授权比例

资料来源：中国企业评价协会编：《中国企业自主创新评价报告》(2009)，中国经济出版社
2009 年版。

中国企业新产品产值呈上升趋势。2005—2007 年，中国 100 强企业
共推出新产品 16750 项，其中，国家级与省级新产品数分别约占总量的
15.7％和 26.1％。2005—2007 年，中国 100 强企业自主创新产品产值分
别为 1686 亿元、2519 亿元与 3590 亿元。可以看出，2007 年中国 100 强
企业自主创新产值较 2005 年增长了 1 倍多。2005—2007 年，100 强企业
自主创新产品产值占总产值的比例分别为 30％、33％、34.9％。因此，
可以说中国企业的自主创新产品竞争力呈上升趋势，但并没有显著提高。
2010 年，中国机械工业新产品研发比以往更加活跃，全年机械工业新产
品产值达 2.72 万亿元，与上年相比增长 33.07％，快于同期工业总产值
增速。全行业新产品产值已从 2005 年的 7079 亿元增至 2010 年的 2.72 万

亿元，增长近 3 倍。同时，生产集中度不断提高，三大发电集团生产量已占全国总产量的 75%。

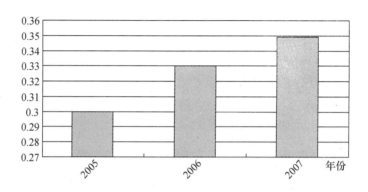

图 4-5　自主创新产品占总产值的比例

第二节　中国企业自主创新的总体描述

一　企业自主创新投入总量不断增长，但增幅较小

自 20 世纪 90 年代以来，以科技经费活动筹集额衡量的企业科技投入一直保持高速增长，并逐渐成为中国科技投入的主力军（见表 4-3）。2002 年，全国科技活动经费筹集总额为 2938 亿元，其中来自于企业的资金为 1676 亿。从科技活动经费支出角度看，企业已经成为科技活动的执行主体。2002 年，全国科技活动经费支出总额为 2671 亿元，其中，各类企业科技活动经费支出为 1165 亿元，占经费总支出的比重为 66.9%。

表 4-3　　　　　20 世纪 90 年代以来我国科技活动经费筹集情况

单位：亿元、%

| 年份 | 科技活动经费筹集总额 | 比上年增长率 | 其中： | | | | | |
			政府资金	比重	企业资金	比重	金融机构贷款	比重
1992	557.3	30.52	160.0	28.70	162.5	29.15	90.0	16.13
1993	675.5	21.21	175.4	25.96	185.7	27.49	118.8	17.59
1994	788.9	16.79	218.1	27.65	234.4	29.71	121.5	15.40

续表

年份	科技活动经费筹集总额	比上年增长率	其中：					
			政府资金	比重	企业资金	比重	金融机构贷款	比重
1995	962.5	22.01	248.7	25.84	305.2	31.71	127.1	13.20
1996	1043.2	8.38	272.0	26.07	312.8	29.99	149.8	14.36
1997	1181.9	13.30	309.9	26.22	348.4	29.47	155.2	13.13
1998	1289.8	9.13	353.8	27.43	402.5	31.21	171.0	13.26
1999	1460.6	13.24	473.0	32.38	510.3	34.94	128.8	8.82
2000	2346.7	60.67	593.4	25.29	1296.4	55.24	196.2	8.36
2001	2589.4	10.34	656.4	25.35	1458.4	56.32	190.8	7.37
2002	2938.0	13.46	776.2	26.42	1676.7	57.07	201.9	6.87
2003	3459.1	17.74	839.3	24.26	2053.5	59.37	259.4	7.50
2004	4328.3	25.13	985.5	22.77	2770.1	64.02	265.0	6.12
2005	5250.8	21.31	1213.1	23.10	3440.0	65.52	276.8	5.27
2006	6196.7	18.01	1367.8	22.07	4106.9	66.28	374.2	6.04
2007	7695.2	24.2	1703.6	22.14	5189.5	67.44	384.3	4.99
2008	9123.8	18.6	1902.0	20.85	6370.5	69.82	405.2	4.44

资料来源：根据国家统计局、科学技术部编《中国科技统计年鉴》（2006）（中国统计出版社2006年版）第5页有关数据计算而得，《中国科技统计年鉴》（2006，2007，2008）。

自主创新总量增长的幅度仍然较小。以科技投入变化情况为例，一般常用的指标包括国家财政科技拨款总额、研发经费总额、研发经费与国内生产总值的比重以及研发经费与销售收入的比重。2002—2007年，中国涉及科技投入的指标都保持着持续稳定增长的态势。首先从总量变化来看，国家财政科技拨款从2002年的816.2亿元，增加到2007年的2113.5亿元，增加1297亿元，在2007年首次突破2000亿元。2003—2004年的增长速度在15%左右，到了2006—2007年已经达到25%左右；研发经费投入总额由2002年的1287.6亿元，增加到2007年的3710.2亿元，总额增加2423亿元，始终保持着20%—25%的增长率，总量的变化趋势如图4-6所示。

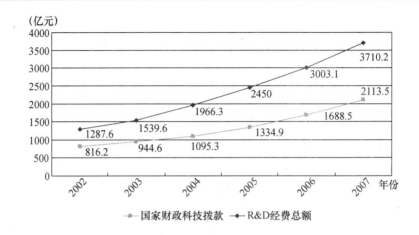

图 4 - 6 财政科技拨款总额和 R&D 经费总额变动趋势

资料来源：根据科技部和国家统计局网站资料整理得到。

表 4 - 4　　　　　　　　　近年来国家财政科技拨款状况

	2006 年	2007 年	2008 年	2009 年	2010 年	2011 年
国家财政科技拨款（亿元）	1688.5	2113.5	2581.8	3224.9	4114.4	4902.6
与国家财政总支出的比值（%）	4.18	4.25	4.12	4.23	4.58	4.49

从相对量来看，研发经费总额与国民生产总值之比以及研发经费与销售收入的比值是常用的衡量一个国家科技投入的重要指标。2002—2007年，上述两项指标都有不同程度的变动，整体趋势呈现增长的态势（见图 4 - 7）。

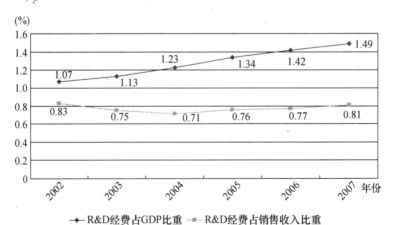

图 4 - 7　R&D 经费总额占国内生产总值和销售收入比重变动趋势

从具体来看，2002—2007 年，研发经费总额年增长率分别为 19.6%、27.7%、24.6%、22.6% 和 23.5%，研发经费总额占国民生产总值比重呈现较为稳定的增长，但上升的幅度不大，仅仅从 2002 年的 1.07% 增加到 2007 年的 1.49%，6 年间一直处在低于 2% 的水平。同世界先进经济体相比，中国政府研发投入占国内生产总值的比重明显偏低，美国、法国、德国在同期发展阶段的研发投入占 GDP 的比重均远远超过了中国。

此外，企业研发经费投入与销售收入之比 2002 年为 0.83%，而到了 2007 年降低到 0.81%，从这 6 年的变化趋势来看，波幅较小，没有明显增长，甚至有些年份呈现下降趋势，并且这项指标的数值一直低于 1% 的水平。

表 4 - 5　中国 2006—2011 年 R&D 经费支出占国内生产总值的比重

	2006 年	2007 年	2008 年	2009 年	2010 年	2011 年
R&D 经费支出（亿元）	3003.1	3710.2	4616.0	5802.1	7062.6	8687.0
R&D 经费支出/国内生产总值（%）	1.39	1.40	1.47	1.70	1.76	1.84

研发经费是自主研发的重要组成部分，也是自主研发投入水平的一个重要的评价指标。总的来说，2007 年 TOP100 企业的研发经费占产品销售收入的比例为 3.8%（见表 4 - 6），其中 20 家企业的研发投入比例不超过 2%，如表 4 - 5 所示。发达国家的经验表明，研发经费投入只有占到企业销售收入的 5% 以上，企业才有竞争力，2% 的企业只能够勉强生存，而 1% 则极难生存。

表 4 - 6　　　　2007 年 TOP100 企业研发投入状况

研发费用占销售收入比例	企业数量	占企业总数的比例（%）
10% 以上	11	11
5%—10%	27	27
1%—5%	49	49
1% 以下	13	13
平均比例	3.8%	
研发投入平均额	46272 万元	

二 自主创新活动面临着国际技术追赶的挑战

大好的经济发展态势无法掩盖严峻的竞争形势。中国很多企业庞大的生产能力是建立在技术模仿基础之上的，自主技术能力薄弱，知识产权不足、主要技术受制于人的状况改变迟缓，在国际分工中大都处于产业链的低端。企业的创新能力不足，难以支撑庞大的经济规模，已经成为提高国家竞争力的瓶颈。

在国际企业竞争中，技术进步占据着越来越重要的地位，而且对于技术落后的国家来说，技术追赶是一个十分艰难的过程，不是简单依靠资金和研发力量的投入就能解决的。一方面，存在着诸如先进技术拥有者的专利、知识产权壁垒和技术路径依赖等因素的制约；另一方面，国内创新文化的缺失导致创新勇气、自信和决心的缺乏。

中国单位资源的产出平均不足发达国家的 1/10，全国大中型工业企业中仅有 1893 家获得发明专利权，占企业数的 4.7%，全球研发投入的90% 来自少数发达国家，一系列的数据表明，为了提高国家整体的竞争力，培育强大的自主创新能力和培育具有全球竞争力的龙头企业在当前的中国已是迫在眉睫。①

此外，无论是研发经费内部、外部支出，还是研发人员分布，技术密集型行业都是自主创新活动主体。从总量上看，制造业内部研发资源分布很不平衡，电子及通信设备、交通运输设备、电气机械及器材等 7 个工业技术密集行业集中了全部制造业研发资源的 60%—70%。电子及通信设备、交通运输设备分别是研发经费、研发人员投入最多的两个行业。另外，在国际分工中，中国的产业和企业处于价值链的低端，经营规模扩大主要依赖资源消耗和廉价劳动力，技术贡献很低。中国产品出口不断增加，但关键零部件依赖进口，每年还要为软件、技术标准向外企支付高额费用。竞争优势停留在一般加工制造业，技术含量低、品牌效应差，附加值低。

三 提高自主创新能力成为中国高新技术产业面临的核心问题

高新技术产业的发展对推动经济结构调整和产业转型升级具有重大意义。当前，中国高新技术企业创新能力有所提升，高新技术产业国际竞争力进一步增强。根据科技部提供的数据，2002 年，高新区企业的研发经

---

① 陈清泰：《自主创新和产业升级》，中信出版社 2011 年版。

费支出为 314 亿元，占高新区技术收入和产品销售收入的 2.37%。同年，高新区内经认定的 19353 家高新技术企业中，研发活动经费投入达 303 亿元，占高新区全部研发活动经费投入的 96%。

高新技术产业国际竞争力有所增强，2002 年，中国高新技术产业增加值占全部制造业增加值和 GDP 的比重已分别由 1995 年的 6% 和 2% 上升到 9% 和 3%。从增长的态势看，1995—2002 年，高新技术产业增加值年均增幅达到 19%。而且高新技术产品对外贸易额占商品和工业制成品对外贸易额的比重逐步提高（见表 4 – 7）。

表 4 – 7　　高新技术产品对外贸易额占商品和工业制成品对外贸易额的比重

年份		1992	1993	1994	1995	1996	1997	1998	1999	2000	2001	2002
占商品对外贸易比重（%）	出口	4.7	5.1	5.2	6.8	8.4	8.9	11.0	12.7	14.9	17.5	20.8
	进口	13.3	15.3	17.8	16.5	16.2	16.8	20.8	22.7	23.3	26.3	28.1
占工业制成品对外贸易比重（%）	出口	5.9	6.2	6.3	7.9	9.8	10.3	12.4	14.1	16.6	19.4	22.8
	进口	15.9	17.7	20.8	20.3	19.8	21.0	24.9	27.1	29.4	32.4	33.7

年份		2003	2004	2005	2006	2007	2008	2009	2010	2011
占商品对外贸易比重（%）	出口	25.2	27.9	28.6	29.0	28.6	29.1	31.4	31.2	28.9
	进口	28.9	28.7	30.0	31.2	30.0	30.2	30.8	29.6	26.6
占工业制成品对外贸易比重（%）	出口	27.3	29.9	30.6	30.7	30.1	30.8	33.1	32.9	30.5
	进口	35.1	36.3	38.6	40.9	40.3	44.4	43.3	42.9	40.7

资料来源：《中国科技统计年鉴》（2003）、中国高技术产业数据（2011，2012）和《中国高科技产业统计年鉴》（2011，2012）。

但是，中国高新技术产业创新能力在显著提升的同时，也面临着增加值率偏低的问题。2006 年，美国、英国和日本三国高新技术产业的增加值率分别为 42.82%、41.44% 和 36.81%[①]。相比之下，2007 年，中国高

---

① 《中国科技统计资料汇编（2010）》，中国科技统计网（http://www.sts.org.cn/zlhb/2010/hb2.1.htm#_1）。

新技术产业增加值率仅为18.402%。

原因有以下两个方面：其一，中国高新技术产业主要从事诸如加工、组装制造等增加值率较低的活动；其二，和世界发达经济体相比，中国高新技术产业缺少核心技术和知识产权，自主研发投入较低，一直高度依赖国外技术，抑制了国内生产活动。所以，增加自主研发投入和提高自主创新能力已经成为中国高新技术产业面临的核心问题，国家应积极出台相关的财税、金融、产业政策予以支持[①]。

四　研发人员数量稳步提高，但增长幅度有限

科技活动人员的总量、从事科技活动的科学家工程师、研发人员等方面反映科技人力资源状况（见图4-8）。

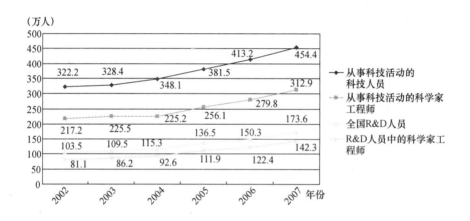

图4-8　科技人力资源发展趋势分析

从绝对量来看，2002—2007年，从事科技活动人员从2002年的322.2万人增长到2007年的454.4万人，其中，科学家工程师人数则由2002年的217.2万人增长到2007年的312.9万人。研发活动人员从2002年的103.5万人上升到2007年的173.6万人，其中，科学家工程师人数则由2002年的81.1万人增长到2007年的142.3万人。

2008年，科技活动人员增长到496.7万人，其中，科学家工程师的人数增长到343.5万人。研发人员增长到196.54万人，其中，科学家工

① 张同斌、高铁梅：《财税政策激励、高新技术产业发展与产业结构调整——基于可计算一般均衡（CGE）模型的分析》，《经济研究》2012年第5期。

程师的人数增长到 159.2 万人。2009 年、2010 年、2011 年研发人员增长分别为 229.1 万人、255.38 万人、288.29 万人。

此外，从图 4 - 8 变化趋势可以看出，与科技有关的各种人员投入都保持了较快的增长；同 2006 年相比，2007 年中国研发人员总量为 173.6 万人，比 2006 年增加 23.3 万人，增幅为 15.5%；当年研发科学家工程师为 142.3 万人，比 2006 年增加 19.9 万人，增长 16.3%，占研发人员比重达 82%。

自主研发工作关键要靠研发人员的努力，中国企业的研发人员比例从 2000 年的 5% 增加到 2007 年的 10%，有了较大的提高。但是，与国外优秀的创新企业相比，仍显不足。

五　科技产出进步状况总体水平有待提高

科技产出的进步状况，一般主要体现在科技论文和发明专利方面。首先，2007 年，国内科技论文发表量达 46.3 万余篇。SCI 收录中国内地论文 8.9 万余篇，居世界第 3 位。1998—2008 年（截至 2008 年 8 月），中国科技人员共发表 SCI 论文 57.35 万篇，排名世界第五；论文被引用 265 万次，排名世界第十。2007 年，EI 收录中国论文近 7.6 万篇，排名居世界第一。ISTP 收录中国论文 4.3 万余篇，排名居世界第二。

科技论文是衡量一个国家学术水平的重要指标，尽管不能说明所有问题但如果没有一定的创新思想和科学新发现，科技论文很难被 SCI 收录也不可能被国际同行引用。但是，随着科学研究投入的增加，科研领域的竞争也越来越激烈，科研不端行为急剧增加，抄袭剽窃、弄虚作假，违反伦理等问题日益突出。科技工作者队伍中"不安心做科研"，"急功近利、学风浮躁"，"研究脱离实际需求"等现象日益严重。[①]

表 4 - 8　国内科技论文数和被 SCI、EI、ISTP 系统收录的论文数的比较

指标名称	单位	2007 年	2008 年	2009 年	2010 年
SCI 收录	篇	89147	116677	127532	143769
ISTP 收录	篇	43131	64824	54749	37780
EI 收录	篇	75587	89377	97877	119374

---

① 资料来源：詹正茂：《创新型国家建设报告（2011—2012）》，社会科学文献出版社 2012 年版。

续表

指标名称	单位	2007 年	2008 年	2009 年	2010 年
SCI 收录	位次	3	2	2	2
ISTP 收录	位次	2	2	2	2
EI 收录	位次	1	1	1	1
国内中文期刊刊登论文数	篇	463122	472020	521327	530635

资料来源：中国科技统计网。

其次，专利申请量和授权量都有所增长（见表 4-10）。从图 4-9 专利的申请量和授权量变化趋势可以看出，专利申请量增加幅度最大，从 2002 年的 25.3 万件增加到 2007 年的 69.4 万件，共增加 44.1 万件，比 2006 年增长 21.1%，这说明企业或个人知识产权意识增强；从专利授权量的变化趋势来看，从 2002 年的 13.2 万件增加到 2007 年的 35.2 万件，增加 22 万件，比 2006 年增长 31.3%。由此可以看出，这 6 年之间专利的申请和授权的数量增长得越来越快。另外，专利中发明专利的申请量和授权量也有所增长，尤其是专利中的发明专利是衡量一国自主创新产出能力的重要标准，如图 4-9 所示，发明专利的申请量从 2002 年的 8 万件增长到 2007 年的 24.5 万件，增加 16.5 万件，比 2006 年增长 16.7%；授权量从 2002 年的 2.1 万件增加到 2007 年的 6.8 万件，增长了 4.7 万件，比 2006 年增长 17.2%。总体而言，科技论文的质量、专利申请量和授权量都呈现出较快的增长态势，但发明专利的申请和授权量相对很少，总体水平有待提高。

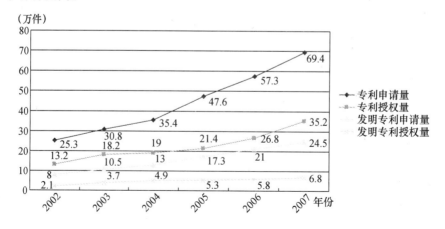

图 4-9 专利和发明专利的申请量和授权量的比较

表4-9 中国各项科技指标进步情况

单位：项

指标名称	2007 年	2008 年	2009 年	2010 年
申请受理量合计	693917	828328	976686	1222286
发明申请受理	245161	289838	314573	391177
实用新型申请受理	181324	225586	310771	409836
外观设计申请受理	267432	312904	351342	421273
授权量合计	351782	411982	581992	814825
发明授权	67948	93706	128489	135110
实用新型授权	150036	176675	203802	344472
外观设计授权	133798	141601	249701	335243

资料来源：根据科技部和国家统计局网站资料整理得到。

六 科技经费筹集主体分布不均

科技经费筹集是反映科技经费投入的重要指标，可通过科技经费来源结构判断科技经费投入状况，科技经费来源一般包括企业投入、政府投入和金融机构投入三部分。其中，企业投入占较大的比重，后两者所占比重较低。

中国的科技经费筹集额从总量上说有了很大提高，图4-10数据显示，科技经费筹集额从2002年的2938亿元增加到2007年的7605.2亿元，增加了4667.2亿元，增长速度较快。按照科技经费来源看，科技经费筹集额由企业资金、政府资金和金融机构贷款三部分构成，三部分的资金筹集额各自都有所增长，但增长趋势和幅度有所差别。

如图4-10所示，政府筹集额由2002年的776.2亿元上升到2007年的1703.6亿元，总量增加了927.4亿元；企业资金筹集总额由2002年的1676.7亿元增加到2007年的5189.5亿元，共增加3512.8亿元；而金融机构贷款数量只从2002年的201.9亿元增加到2007年的384.3亿元，增加了182.4亿元。此外，从图4-10可以看出，2002—2007年，企业在总的科技经费筹集额中所占的比重非常大，到2007年，企业在总筹集额中的比重占到70.4%，而政府和金融机构的筹集额却显得过小，尤其是金融机构的贷款额更小。2008年，政府研发投入占全社会研发投入的比重为23.6%，远低于世界大多数发达国家同期发展阶段政府研发投入所占的比重，其中，美国、德国、法国同期发展阶段的比例为50%—60%。

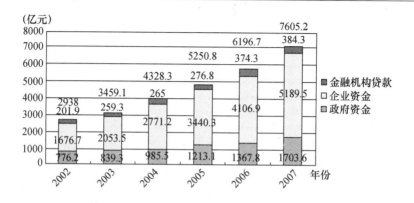

图 4 - 10　科技经费筹集额中企业、金融和政府的比较

资料来源：根据科技部和国家统计局网站资料整理得到。

　　经费支出方面，企业是研发经费的支出主体，在近几年也有较快的发展。从图 4 - 11 中可以看出，研发经费支出总量从 2002 年的 1287.6 亿元上升到 2007 年的 3710.2 亿元，共增加了 2422.6 亿元，2007 年的研发经费支出比 2006 年增加 23.5%。

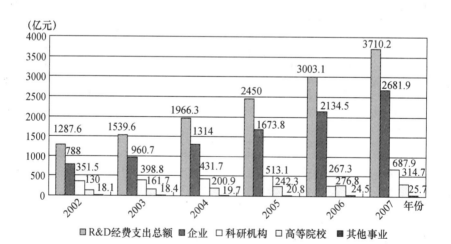

图 4 - 11　研发经费支出按来源的分布结构

　　此外，从研发经费支出执行部门看，研发经费主要投入企业、科研机构、高等院校和其他事业部门。每个部门的研发经费支出都有所增长，企业的研发经费支出从 2002 年的 788 亿元增加到 2007 年的 2681.9 亿元，增加了 1893.9 亿元；科技机构的经费支出由 2002 年的 351.5 亿元上升到 2007 年的 687.9 亿元，共增加了 336.4 亿元；高等院校的经费支出也从 2002 年的 130 亿元上升到 2007 年的 314.7 亿元，增加了 184.7 亿元。其中，企业在研发经费支出中所占比重是最高的，2007 年在总经费支出中占 72.3%，比 2006 年增加了 25.6%。

表 4-10　　　　2008 年、2010 年和 2011 年中国研发经费投入情况

	2008 年	2010 年	2011 年
研发经费支出总量（亿元）	4616	7062.6	8687
比上一年增长率（%）	24.4	21.7	23
R&D 经费投入/国内生产总值（%）	1.54	1.76	1.84
各类企业 R&D 经费投入（亿元）	3381.7	5185.5	6579.3
政府属研究机构 R&D 经费投入（亿元）	811.3	1186.4	1306.7
高等学校的 R&D 经费投入（亿元）	390.2	597.3	688.9

资料来源：根据国家统计局、科技部、财政部网站资料整理得到。

国家知识产权局公布的资料显示，目前中国拥有自主知识产权核心技术的企业仅为万分之三，99% 的企业没有申请专利，60% 的企业没有自己的商标；中国企业对外国技术的依存度高达 50% 以上，而美国、日本等国的这一指标仅为 5% 左右；中国人口占世界总人口的 1/4，而发明专利却仅占世界的 1%；世界上创新型国家技术进步贡献率超过 70%，而中国只达到 39%。

第三节　中国企业自主创新能力主要障碍因素及成因

一　中国企业自主创新能力主要障碍因素

中国企业自主创新能力主要障碍因素有如下三个方面：

（一）制度不完善

中国技术创新的制度条件与发达国家相比差距不是局部的、暂时的，而是全方位的、阶段性的，无论是产权制度、市场经济制度，还是股份

制、企业研发制度、政府创新政策、法律、教育制度、风险投资制度等，多数尚处于初级阶段，发育不良，亟待建设和完善。

（二）企业家能力不足

企业家是市场经济发展的产物，没有企业家，就不可能做好企业的自主创新活动。企业家随着市场经济的产生而产生，随着市场经济发展而发展，随着市场经济的成熟而成熟。市场经济在中国起步晚，受传统文化、经济体制、市场体系、经济发展水平等诸多因素制约发育缓慢，企业家的成长环境和条件极差。

和美国、日本、德国等世界先进经济体相比，中国企业家资源短缺，企业管理者普遍的短视行为阻碍了中国企业的自主创新，使中国企业始终没能走出世界"加工厂"的圈子，在核心技术和关键生产流程上落后于世界发达国家。

（三）企业研发观念淡薄

企业研发薄弱的原因主要有认识不到位和投入不到位两个方面。在企业研发认识方面，中国对企业研发重视的程度较低，只搞生产，不搞研发。2003 年，中国有 22276 个大中型企业，只有 5545 个企业建立了研发机构，仅占 24.9%，即 75.1% 的企业没有研发机构。且已建立的研发机构有 10% 左右没有经常性任务和稳定经费来源。在企业研发投入方面，中国的企业特别是中小企业更加注重短期利益，对企业研发投入较少甚至没有，不能从长远的角度对企业研发进行投入，所以加剧了中国企业研发水平和世界先进经济体研发水平的差距。

另外，与世界企业研发发展程度较高国家相比，中国缺少优秀的企业文化。例如，与美国促进技术创新的平等文化、法人文化和创新文化相反，中国是等级文化、自然人文化、服从文化和"赞歌文化"。

二 制约中国企业自主创新能力的主要原因

（一）财政科技投入量小

政府财政科技投入占当年财政总支出的比重偏低。国家统计局资料显示，21 世纪以来，中国财政科技投入量增长较快，但其支出额度占当年财政支出的比重却一直在 4% 左右。

研发支出占 GDP 比重偏低。研发支出总额由 2000 年的 895.7 亿元增加到 2010 年的 6980 亿元，10 年间增长了 6.79 倍，但其支出占当年 GDP 的比重却一直偏低，2000 年、2005 年、2010 年的比重依次为 1.07%、

1.33%、1.75%，这与创新型国家的 3% 左右，最高达 4% 的比重相去甚远。

中国用于基础研究的支出占整个研发支出比重偏低。中国用于基础研究的费用占整个的研发支出总额的比重 2010 年为近 5%，而创新型国家这一比重为 10% 以上，其中日本 2005 年为 12.7%，美国 2008 年为 17%。

中国财政科技投入总量不足的同时，还存在投入结构不合理、投入效率低等问题。现有财政科技资金用于支持公益性和战略性的基础研究和共性技术研究偏少，用于支持竞争性行业的专有技术研发偏多，对风险投资和中小型企业的技术创新支持不够，因而形成财政科技投入的短期效应明显，而长期效应不足。

目前，中国对企业自主创新的支持政策主要有"新产品补助"、"火炬计划"、"星火计划"等，多具有浓厚的"计划分配"色彩，往往是采取"撒胡椒面"的做法，缺乏对项目资金运用、成效的跟踪反馈。

中国 2 万多家大中型企业有研究机构的仅占 25%，有研发活动的仅占 30%，科技成果转化为商品并取得规模效益的比例仅为 10%—15%，远远低于创新型国家 60%—80% 的水平，导致中国企业拥有高附加值产品极少，大量的生产企业利润较低，却被拥有核心技术的跨国公司赚取了高额利润。

（二）研发经费主要用于试验发展，基础研究方向投入有限

研发经费支出结构是反映创新主体如何运用创新资金的指标，该指标可以通过研发总额在基础研究、应用研究和试验发展三方面分配的比重计算得到，研发经费应用于试验发展主要是反映了用于新产品、新材料等从而形成专利或专有技术的成果，而基础研究则是技术之源，引领科技进步和社会发展，应用研究则是将基础研究成果转化为可应用的形式。

从图 4-12 可以看出，2002—2007 年，研发经费投入中的试验研究经费占 70% 以上，2007 年甚至达到 80% 以上，呈现出一种上升的趋势，而研发经费投入分配在基础研究和应用研究的经费中比重在 2002—2007 年的 6 年之间都很小，没有明显的变化，甚至有逐渐减少的趋势。特别是基础研究经费的投入只占总研发经费投入的 5% 左右，投入非常有限。

(年份)

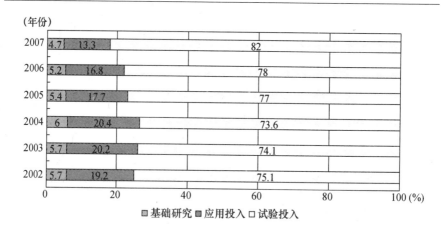

图4-12 研究与发展经费投入分布比例

资料来源：根据科技部和国家统计局网站资料整理得到。

(年份)

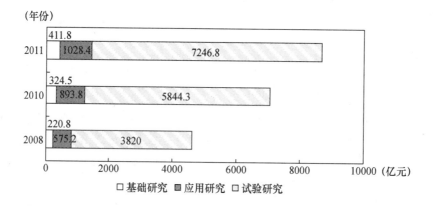

图4-13 中国近年来基础研究、应用研究和实验研究投入情况

资料来源：根据国家统计局、科技部和财政部网站资料整理得到。

从图4-13可以看出中国近年来基础研究、应用研究和实验研究投入的情况。

2008年，分活动类型看，基础研究经费支出为220.8亿元，比上年增长26.5%；应用研究经费支出为575.2亿元，增长16.7%；试验发展经费支出3820亿元，增长25.5%。基础研究、应用研究、试验发展经费支出所占比重分别为4.8%、12.5%和82.8%。

2010年，分活动类型看，全国用于基础研究的经费投入为324.5亿元，比上年增长 20.1%；应用研究经费 893.8 亿元，增长 22.3%；试验发展经费 5844.3 亿元，增长 21.7%。其中代表原创性研究的基础研究和应用研究经费所占比重为 17.2%，连续三年保持稳定。

2011 年，分活动类型看，全国用于基础研究的经费支出为 411.8 亿元，比上年增长 26.9%；应用研究经费支出 1028.4 亿元，增长 15.1%；试验发展经费支出 7246.8 亿元，增长 24%。基础研究、应用研究和试验发展占研究与开发（R&D）经费总支出的比重分别为 4.7%、11.8%和 83.5%。

（三）税收政策导向功能不强

税收体系不够健全。如中国至今尚未开征环境保护税，在客观上为高耗能、高污染企业提供了较为"优越"的生存环境，使其可以从低投入、高污染中获得丰厚的回报，大大减弱了企业通过自主创新谋求发展、立足于市场不败之地的外在压力。

税收激励政策内容欠科学。目前中国对企业技术进步税收扶持的重点在于科技成果的应用，而对那些技术落后、亟须技术更新的企业，以及正在进行科技开发的项目缺乏支持，能够降低和弥补企业研发失败和风险投资损失的扶持政策不够完善，最终导致绝大多数企业只关心科技成果应用，而不注重对科技开发的投入。

同时，对企业自主创新的税收优惠仅限于税率优惠和税额的定期减免，没有采取国外已普遍使用的加速折旧、投资抵免及设立技术开发基金等方面的措施。

税收优惠存在错位。目前，中国税收优惠政策实施对象主要是区域、企业的优惠，在一定程度上忽视了对科技创新项目、新产品的优惠。

（四）政府采购对企业自主创新拉动力不强

政府采购的规模较小，企业自主创新也无力通过政府采购来拉动。2010 年，中国政府采购规模高达 8000 亿元，但其占全国财政支出和 GDP 的比重仅为 8.9%和 1.98%，低于世界发达经济体的比重，其政府采购约占财政支出的 30%或占 GDP 的 10%以上。2011 年，政府采购规模 1.13 万亿元，仅占国家财政支出的 11%和 GDP 比重的 2.4%，远远低于国际上政府采购占财政支出的 30%左右或占 GDP15%—20%的标准。

政府采购促进企业自主创新缺乏政策与制度保障。为了建设创新型国家，首先需要完善政府采购方面的法律法规。并将完善的政府采购法律应用于涉及创新活动的各个领域、部门和企业中。法律法规和政策体系的完善，使得政府采购能够在很多方面有力地鼓励企业的自主创新活动。

中国财政部曾于2007年4月颁布了《自主创新产品政府采购预算管理办法》等三个文件，对政府采购预算的编制、执行，对政府采购的评审要求，评审标准、监督检查，以及其合同的订立和履行都提出了明确要求，对促进企业自主创新起到了明显推动作用。但财政部于2012年6月又发出《关于停止执行〈自主创新产品政府采购预算管理办法〉等三个文件的通知》，因而使中国政府采购在促进企业自主创新的进程中更加步履维艰。

目前中国自主创新产品还没有建立全国统一的认证标准、认证程序和认证机构，不利于政府采购促进企业自主创新开展的科学化、标准化和规范化。

（五）自主创新激励机制缺位

企业开展自主创新要耗费大量资金，但是，这些资金耗费能否给企业带来高额回报却具有很大的不确定性。大量事实证明，这种现象是和企业自主创新的高投入与高风险特征分不开的。

另外，更为重要的是由于目前中国对知识产权的保护力度较小，自主创新企业通过研发所获得的新产品，也会很快被其竞争性企业所利用和模仿，妨碍创新企业获得超额利润，影响市场竞争的公平性，大幅度地增加了企业自主创新的风险程度。

为了解决这些问题，世界很多的创新型国家都建立了企业自主创新的补偿机制、合作机制和风险分担机制，用以激励企业自主创新。相比而言，中国正是由于这些鼓励企业自主创新的机制的缺乏，致使中国企业开展自主创新活动的积极性较低，而将引进外来技术作为提高自身科技水平的主要途径。

（六）科技中介服务体系缺失

科技中介服务体系对于提高国家和企业的创新能力尤为重要。企业自主创新从实验开发到产品投入市场的全过程，不仅需要大量科技信息、市场信息，而且还需要对技术进行价值评估、咨询、风险投资的各种中介机构来共同完成。

但是，现阶段中国科技中介服务体系严重缺失，这不仅造成科研机构与高校大量的科技资源的闲置，而且不利于各类企业找到适合其自身的技术开发项目与技术开发人才，从而形成了产学研之间、企业之间、企业与市场之间相互联动的阻碍，加大了企业自主创新的风险和难度。目前中国的实际情况是从事自主创新的企业基本上都是处于"孤军作战"或"全线出击"的状态，很大程度上限制了企业的自主创新。

（七）资源廉价削弱创新动力

长期以来，由于中国低廉的矿产资源价格和廉价的劳动力资源，使企业轻而易举地就能赚取比较丰厚的利润，这在很大程度上使企业丧失了自主创新的内在动力。尤其是在一些经济欠发达但自然资源丰富的地方，这一问题表现得尤为突出。一方面不少地方政府为了获得财政收入的"持续稳定增长"，"保工资，保稳定"，对这一现象听之任之，甚至推波助澜；另一方面众多企业也在政府的"庇护"下产生了自主创新的严重惰性，缺乏不创新就难以生存的危机感和紧迫感。

在中国的许多地方，财政收入基本上都是靠资源开采业或资源粗加工业支撑，这些地方依然陶醉在消耗资源、污染环境所带来的丰厚财政收入的喜悦里，根本没有把如何促进企业自主创新纳入早该纳入的议事日程。

（八）企业资源有限无力创新

目前中国中小型企业普遍存在技术设备陈旧、人才资源匮乏、技术基础薄弱等问题。据有关资料显示，中国中小企业安装的设备中，20世纪80年代出厂的占38%，70年代出厂的占39%，60年代出厂的占7%，大部分技术设备比国外落后10—20年。中小企业在自主创新技术人才、自主创新管理人才等方面极为稀缺。另据国家统计局抽样调查表明，中小企业从业人员中大专以上文化程度仅占17.86%，企业总经理中大学本科以上学历的仅占1/3。

创新人才的缺乏直接限制了中小企业的自主创新能力。而中国大中型企业自主创新能力也不容乐观，其中71%没有技术开发机构，2/3没有技术开发活动。近几年企业科技经费支出占产品销售收入的比重仅为1.5%左右，其中用于新产品开发的支出仅占0.66%，这个比例还不到创新型国家的1/10。这些都使中国企业不仅在主观上缺乏自主创新的意愿，而且在客观上也缺乏自主创新的能力。

第五章

政府支持企业自主创新的
国际比较分析

由于企业自主创新日益成为国家创新建设的重要环节,且企业自主创新的投入与绩效尤为重要。为此选择美国、日本、韩国三国自主创新投入与31个国家及地区绩效为比较对象,进而得出可供中国借鉴的经验。

第一节 研发创新绩效评价的比较分析

一 总效率值分析(DEA模型分析)

为了分析比较1998—2012年各国的效率值变动情况,对1998—2012年15个年份的数据分别运用超效率DEA方法进行分析,计算15次结果,得到其效率变动情况①(见表5-1)。

表5-1　　　　　　　1998—2012年各国研发超效率值评价结果

单位:%

决策单元	1998年	1999年	2000年	2001年	2002年	2003年	2004年	2005年
澳大利亚	85.92	86.24	84.06	86.18	83.75	88.99	81.43	79.26
奥地利	88.12	68.79	66.77	74.85	74.83	68.95	59.71	57.35
比利时	77.32	74.41	68.37	71.82	72.38	73.13	71.15	69.90
加拿大	83.35	82.01	81.28	78.96	74.41	74.58	68.02	69.10
捷克	61.23	65.80	67.95	71.55	72.89	74.36	72.90	69.92
丹麦	97.13	92.42	89.74	94.87	87.33	81.36	71.69	68.12
芬兰	122.11	112.41	89.62	81.13	73.00	69.72	65.96	66.34

---

① 罗亚非等:《研发创新绩效评价的国际比较研究》,《数量经济技术经济研究》2010年第3期。

续表

决策单元	1998 年	1999 年	2000 年	2001 年	2002 年	2003 年	2004 年	2005 年
法国	61.79	61.22	59.01	62.37	63.72	60.39	55.81	58.74
德国	92.15	95.36	88.12	83.78	81.08	78.75	79.10	85.00
希腊	130.49	121.25	113.37	117.54	131.48	127.33	122.28	130.31
匈牙利	92.73	107.28	123.77	116.77	102.22	106.28	91.88	91.93
爱尔兰	265.94	296.47	269.19	280.38	291.10	284.82	322.97	399.41
意大利	83.17	85.89	88.87	102.52	113.09	114.00	109.75	104.74
日本	82.78	95.08	107.76	100.74	100.25	101.56	104.94	103.69
韩国	27.96	34.79	44.74	49.45	60.86	72.67	84.81	92.41
墨西哥	70.72	67.91	64.00	66.42	63.97	68.85	56.52	50.58
荷兰	104.99	98.84	95.00	105.47	103.12	103.11	102.41	107.77
挪威	63.33	63.31	62.82	65.20	60.71	59.41	58.23	60.12
波兰	67.58	72.42	73.36	72.80	77.04	90.32	88.43	88.91
葡萄牙	54.64	62.25	61.23	62.34	63.92	67.05	70.88	67.75
斯洛伐克	64.50	60.62	62.24	62.08	68.59	79.38	92.06	79.99
西班牙	95.36	98.86	95.90	94.19	88.82	84.73	76.88	72.36
瑞典	90.08	87.51	76.50	81.48	76.53	69.18	65.51	63.67
瑞士	140.41	142.89	152.43	122.77	127.45	137.20	132.12	144.84
土耳其	62.62	71.47	70.50	77.69	90.02	100.42	106.36	97.34
英国	101.28	101.93	99.37	99.83	94.92	93.10	85.29	85.65
美国	56.72	54.57	51.25	52.04	52.82	52.09	49.86	51.62
中国	50.04	55.37	56.72	55.31	52.76	61.07	62.79	63.86
俄罗斯	52.37	53.67	54.31	47.62	44.64	42.17	35.29	30.12
南非	71.04	80.76	76.50	85.31	66.36	51.81	49.65	47.99
EU27	73.62	74.84	71.62	73.29	73.45	71.90	67.61	70.43

决策单元	2006 年	2007 年	2008 年	2009 年	2010 年	2011 年	2012 年	平均值	规模效率
澳大利亚	82.93	83.24	85.48	84.88	87.65	83.99	79.43	80.48	Drs
奥地利	84.12	76.79	69.77	76.85	73.83	70.95	68.71	69.92	Drs
比利时	79.32	74.90	72.37	75.86	75.45	76.13	74.15	76.31	Drs
加拿大	81.35	81.88	81.24	79.96	75.41	73.67	70.02	76.46	Drs
捷克	68.23	63.80	67.23	73.51	72.56	74.45	72.65	69.58	Irs
丹麦	100.13	91.42	89.76	95.65	87.67	85.34	74.69	85.33	Drs

续表

决策单元	2006 年	2007 年	2008 年	2009 年	2010 年	2011 年	2012 年	平均值	规模效率
芬兰	121. 11	114. 41	90. 62	86. 13	76. 00	75. 72	67. 96	85. 04	Drs
法国	64. 79	63. 22	57. 01	65. 37	69. 72	59. 39	58. 81	60. 38	Drs
德国	92. 15	95. 36	88. 12	83. 78	81. 08	78. 75	79. 10	85. 42	Drs
希腊	132. 49	121. 25	115. 37	114. 54	137. 48	129. 33	122. 90	124. 30	Crs
匈牙利	95. 73	104. 28	123. 77	116. 79	104. 23	106. 29	94. 88	105. 11	Irs
爱尔兰	267. 94	296. 89	270. 19	278. 38	295. 10	287. 82	326. 94	308. 29	Crs
意大利	83. 17	85. 89	88. 87	102. 52	113. 09	114. 00	109. 75	100. 25	Crs
日本	82. 78	95. 08	107. 76	100. 74	100. 25	101. 56	104. 94	99. 60	Crs
韩国	37. 96	35. 79	44. 54	49. 58	67. 86	68. 67	82. 81	64. 46	Drs
墨西哥	70. 23	68. 91	63. 00	68. 42	64. 97	68. 55	59. 52	66. 62	Drs
荷兰	107. 99	99. 84	95. 78	104. 87	106. 12	101. 11	102. 90	105. 59	Crs
挪威	64. 33	63. 45	62. 90	66. 20	63. 71	59. 81	59. 23	64. 64	Drs
波兰	68. 58	72. 79	73. 78	76. 80	82. 04	89. 32	88. 63	82. 86	Drs
葡萄牙	58. 64	62. 75	66. 23	66. 34	63. 98	64. 05	78. 88	66. 76	Drs
斯洛伐克	64. 58	60. 82	62. 74	64. 08	70. 59	79. 88	98. 06	75. 18	Irs
西班牙	97. 36	99. 86	95. 89	96. 19	89. 82	84. 78	75. 88	89. 39	Drs
瑞典	89. 08	86. 51	76. 80	81. 68	78. 53	69. 38	66. 51	78. 31	Drs
瑞士	145. 41	138. 89	157. 43	128. 77	127. 75	138. 20	136. 12	140. 51	Crs
土耳其	64. 62	73. 47	70. 56	77. 99	95. 02	104. 42	106. 36	84. 55	Drs
英国	105. 28	104. 93	105. 37	99. 67	97. 98	95. 10	88. 29	100. 17	Drs
美国	58. 72	54. 57	53. 25	55. 04	52. 90	56. 09	53. 86	56. 62	Drs
中国	50. 04	52. 37	51. 72	55. 71	54. 76	58. 07	65. 79	60. 24	Drs
俄罗斯	47. 37	52. 67	56. 31	57. 62	43. 64	47. 17	38. 29	47. 02	Drs
南非	75. 04	78. 80	78. 50	82. 31	68. 86	57. 81	52. 65	65. 18	Irs
EU27	72. 62	74. 64	73. 62	78. 29	73. 8	74. 90	72. 61	75. 40	Drs

说明：超效率 DEA 模型 EMS 软件计算得到。Drs、Irs、Crs 分别代表规模效率递减、递增、不变。

根据表 5 - 1 的数据，1998—2002 年，中国总效率值的变化情况是先升后降；2002—2005 年，总效率值呈现了小幅度上升。1998—2002 年的具体变化分别为 50. 04%、55. 37%、56. 72%、55. 31%、52. 76%、61. 07%、

62.79%和63.86%。在国外发达经济体中，上升速度最快的国家是韩国，该国家在2003年和2004年上升的速度分别为72.67%和84.81%。也有部分国家出现了高位波动，如日本在2000年是最高水平，为107.76%，2004年也达到了104.94%，和之前的2003年相比变化较大。另外，呈现逐年降低的国家是加拿大和英国，美国基本维持在52%左右。

二　Malmquist 指数模型分析

基于DEA方法的Malmquist TFP指数方法为分析各国的全要素研发效率变化提供了便利的工具。根据该方法，分析1998—2012年相邻两年14次效率变化情况（见表5-2）。

表5-2　　　　　　　　1998—2012年14次效率变动平均值

单位:%

国家	Effch	Tech	Pech	Sech	TFP
澳大利亚	97.07	99.3	99.2	98.8	97.97
奥地利	94.57	99.7	93.2	100.9	94.29
比利时	98.63	100.9	99.2	99.8	99.52
加拿大	99.40	98.9	98.7	99.6	97.30
捷克	101.99	100.1	102.4	99.6	102.09
丹麦	95.19	99.9	95.4	99.7	95.09
芬兰	94.80	96.8	96.6	99.7	93.20
法国	99.40	98.6	99.9	99.4	98.01
德国	98.97	98.1	100.0	99.8	97.09
希腊	100.0	97.9	100.0	105.0	99.7
匈牙利	99.97	99.4	100.0	99.9	99.37
爱尔兰	100.0	105.2	99.9	104.0	106.2
意大利	102.76	99.8	101.7	101.0	102.55
日本	102.87	98.8	100.0	102.7	100.61
韩国	118.81	98.6	108.5	112.4	117.15
墨西哥	95.64	103.0	96.6	99.6	97.6
荷兰	100.03	100.3	100.0	100.0	100.33
挪威	99.30	99.9	99.1	100.2	99.20
波兰	104.16	99.2	102.4	101.5	103.32
葡萄牙	103.26	99.8	102.0	100.6	105.74

续表

国家	Effch	Tech	Pech	Sech	TFP
斯洛伐克	103.64	99.3	100.0	103.1	102.92
西班牙	96.20	100.8	100.0	96.4	96.76
瑞典	94.99	99.6	95.8	99.8	95.92
瑞士	100.0	99.5	100.0	100.0	99.50
土耳其	106.74	99.9	105.4	101.1	106.64
英国	97.87	99.7	100.0	97.8	97.58
美国	98.71	99.4	100.0	98.7	98.12
中国	103.76	100.0	100.0	104.5	103.76
俄罗斯	93.79	99.7	96.8	98.5	91.84
南非	95.47	99.9	95.0	99.5	95.38
EU27	99.48	99.6	101.0	99.8	99.42
均值	99.60	99.80	99.8	101.2	99.90

说明：DEAP 软件计算得到，然后计算其均值。Effch、Tech、Pech、Sech、TFP 分别代表总效率变化指数、技术进步变化指数、纯技术效率变化指数、规模效率变化指数和全要素生产效率指数。

在分析相邻两年 7 次效率变化基础上，继续分析 1998—2005 年、2006—2012 年间隔 7 年和 6 年的效率变化（见表 5 - 3）。

表 5 - 3　　1998—2005 年、2006—2012 年各国效率与技术效率变化指数

单位：%

国家	1998—2005 年					2006—2012 年				
	Effch	Tech	Pech	Sech	TFP	Effch	Tech	Pech	Sech	TFP
澳大利亚	98.57	92.40	97.40	101.20	91.08	88.17	108.0	97.00	90.90	95.23
奥地利	84.93	90.00	87.20	97.40	76.44	76.61	106.00	69.90	109.60	81.21
比利时	93.54	92.50	94.20	99.30	86.53	96.59	111.60	100.30	96.30	107.79
加拿大	89.31	93.30	88.60	100.80	83.33	92.89	106.30	103.10	90.10	98.75
捷克	119.04	93.30	126.10	94.40	111.06	95.92	108.10	93.40	102.70	103.69
丹麦	89.89	92.10	90.80	99.00	82.79	77.97	107.10	79.00	98.70	83.51
芬兰	73.00	82.30	79.00	92.40	60.08	90.90	100.00	92.10	98.70	90.90
法国	103.07	91.00	110.00	93.70	93.79	92.18	100.90	90.20	102.20	93.01
德国	88.00	91.60	100.00	88.00	80.61	104.80	95.30	100.00	104.80	99.87
希腊	100.00	92.20	100.00	100.00	92.20	100.00	105.80	100.00	100.00	105.80

续表

国家	1998—2005 年					2006—20012 年				
	Effch	Tech	Pech	Sech	TFP	Effch	Tech	Pech	Sech	TFP
匈牙利	107.83	95.70	107.40	100.40	103.19	91.97	103.10	92.90	99.00	94.82
爱尔兰	100.00	112.70	100.00	100.00	112.70	100.00	102.60	100.00	100.00	102.60
意大利	120.28	95.50	112.20	107.20	114.87	100.00	102.90	100.00	100.00	102.90
日本	120.80	85.90	100.00	120.80	103.77	100.00	99.00	100.00	100.00	99.00
韩国	217.66	92.40	145.40	149.70	201.12	151.80	98.30	100.00	151.80	149.22
墨西哥	90.41	95.90	90.50	99.90	86.70	79.07	105.80	86.60	91.30	83.65
荷兰	100.00	91.70	100.00	100.00	91.70	100.00	107.70	100.00	100.00	107.70
挪威	95.84	92.20	94.80	101.10	88.37	99.10	104.20	98.80	100.30	103.26
波兰	114.03	92.60	112.90	101.00	105.59	115.38	102.20	104.20	110.10	117.92
葡萄牙	116.96	93.80	118.50	98.70	109.71	105.97	103.70	104.10	101.80	109.89
斯洛伐克	106.30	93.30	100.00	106.30	99.18	116.60	102.90	100.00	116.60	119.98
西班牙	93.10	93.90	100.00	93.10	87.42	81.50	108.40	100.00	81.50	88.35
瑞典	84.96	90.80	80.30	105.80	77.14	83.25	107.00	92.30	90.20	89.08
瑞士	100.00	90.90	100.00	100.00	90.90	100.00	104.30	100.00	100.00	104.30
土耳其	143.81	93.70	133.40	107.80	134.75	108.09	106.70	108.20	99.90	115.33
英国	94.90	92.30	100.00	94.90	87.59	90.20	105.60	100.00	90.20	95.25
美国	93.10	91.40	100.00	93.10	85.09	97.70	104.30	100.00	97.70	101.90
中国	105.40	98.90	100.00	105.40	104.24	121.00	101.50	100.00	121.00	122.82
俄罗斯	85.20	90.60	85.20	100.00	77.19	67.50	103.60	75.00	90.00	69.93
南非	93.40	94.30	108.10	86.40	88.07	72.27	105.20	64.70	111.70	76.03
EU27	99.80	92.00	100.00	99.80	91.82	95.90	101.30	100.00	95.90	97.15
均值	101.81	92.80	101.10	100.70	94.48	95.26	104.10	94.60	100.70	99.17

资料来源：DEAP 软件计算得到。

　　根据表 5-3 的数据，1998—2005 年 31 个样本国家和地区中，共有 10 个国家的全要素生产效率指数大于 100%，这 10 个国家分别是中国、韩国、日本、土耳其、爱尔兰、波兰、匈牙利、意大利、捷克、葡萄牙。在这些国家中，变化最大的是韩国，全要素生产效率指数达到了 201.12%，中国的这项指数为 104.24%。通过分析技术进步变化指数 tech 可知，最高的国家是爱尔兰，为 112.7%，也是唯一高于 100% 的国家。

中国排名第二，为 98.90%。效率变化指数 Effch 方面，共有 11 个国家大于 100%，分别是中国、韩国、日本、斯洛伐克、捷克、波兰、土耳其、意大利、匈牙利、法国、葡萄牙，其中，中国和日本的纯技术效率并没有发生明显变化，其效率变化主要是由规模效率变化引起的，即研发规模发挥了重要作用。与之相反的是，法国、捷克和葡萄牙的总效率变化是由纯技术效率变化指数引起的，规模效率并没有发挥显著的作用。韩国、土耳其、意大利、波兰和匈牙利这些国家无论是纯技术效率，还是规模效率，都出现了增长的情况，其研发的纯技术效率变化指数 Pech、规模效率变化指数 Sech 同时出现了上升的状态。

中国 2006—2012 年的具体情况大致如下：技术进步变化指数 Tech 为 101.50%，效率变化指数为 121.00%，二者相比较前几年都有所提高。但是和世界上其他国家相比，中国这两个指数的增长速度仍显落后，是除了法国之外变动速度最慢的国家。所以，中国应继续增加技术投入，积极推动科研力量发挥作用，努力保证技术进步指数大于 105%。2006—2012 年，全要素生产效率主要是由于研发规模的扩张所引起的规模效率带动上升的，其中，全要素生产效率指数最高的韩国为 149.22%，中国仅次于韩国为 122.82%。通过分析中韩的研发规模效率，可以发现，该指标的提高幅度分别为 62.80% 和 26.00%。

由于研发规模等各项因素的影响，中国在 2000—2001 年和 2004—2005 年，研发效率和全要素生产效率都得到了较大幅度的提升，规模效率变化指数和效率变化指数二者都高于 110%。但我国研发总效率仍然较低，与美国、日本、韩国等创新型国家尚有很大差距。研发投入在提高我国企业产品附加值及进出口方面起到非常重要的促进作用，提升技术进步程度可促使我国企业研发效率的进一步提高。由于技术进步的滞后效应，在上述两期的滞后一年，即 2001—2002 年和 2005—2006 年，技术进步指数的变化较大，出现了明显的进步。通过上述分析，笔者认为，中国的效率进步指数提升周期为 4 年，预期接下来总效率提高的时间为 2014—2015 年，而相应的技术进步时间为 2015—2016 年。

三 总体时间跨度分析

采用总体时间跨度分析方法，即在分析 1998—2012 年的跨越效率变化情况时，选择两期数据，第一期为 1998 年，第二期为 2012 年，然后计算年均增长率，计算结果如表 5 - 4 所示。

表 5 - 4　　　1998—2012 年跨度的各国总效率与技术进步变化指数

单位:%

国家	1998—2012 年（15 年跨度）					效率年均增长率		
	Effch	Tech	Pech	Sech	TFP	Effch - Anual	TFP - Anual	Tech - Anual
澳大利亚	86.94	100.80	94.50	92.00	87.64	98.02	98.13	100.11
奥地利	65.15	96.20	61.00	106.80	62.67	94.06	93.54	99.45
比利时	90.44	99.60	94.50	95.70	90.07	98.57	98.52	99.94
加拿大	82.90	99.20	91.30	90.80	82.84	97.36	97.24	99.89
捷克	114.15	100.50	117.80	96.90	114.72	101.91	101.98	100.07
丹麦	70.15	95.60	71.80	97.70	67.06	95.06	94.45	99.36
芬兰	66.32	81.70	72.80	91.10	54.18	94.30	91.62	97.15
法国	95.13	94.30	99.30	95.80	89.71	99.29	98.46	99.17
德国	92.20	89.00	100.00	92.20	82.06	98.85	97.21	98.35
希腊	100.00	98.20	100.00	100.00	98.20	100.00	99.74	99.74
匈牙利	99.10	98.30	99.70	99.40	97.42	99.87	99.63	99.76
爱尔兰	100.00	120.00	100.00	100.00	120.00	100.00	102.64	102.64
意大利	120.28	98.40	112.20	107.20	118.35	102.67	102.44	99.77
日本	120.80	87.30	100.00	120.80	105.46	102.74	100.76	98.08
韩国	330.49	90.00	145.40	227.30	297.44	118.62	116.85	98.51
墨西哥	71.50	108.40	78.40	91.20	77.51	95.32	96.43	101.16
荷兰	100.00	100.20	100.00	100.00	100.20	100.00	100.03	100.03
挪威	94.92	97.60	93.70	101.30	92.64	99.26	98.91	99.65
波兰	131.54	94.80	118.40	111.10	124.70	103.99	103.20	99.24
葡萄牙	123.92	96.90	123.30	100.50	120.08	103.11	102.65	99.55
斯洛伐克	124.00	95.80	100.00	124.00	118.79	103.12	102.49	99.39
西班牙	75.90	100.90	100.00	75.90	76.58	96.14	96.26	100.13
瑞典	70.69	94.80	74.10	95.40	67.02	95.17	94.44	99.24
瑞士	100.00	98.30	100.00	100.00	98.30	100.00	99.76	99.76
土耳其	155.41	100.60	144.30	107.70	156.34	106.50	106.59	100.09
英国	85.60	97.20	100.00	85.60	83.20	97.80	97.41	99.60
美国	91.00	95.10	100.00	91.00	86.54	98.66	97.96	99.28
中国	127.60	103.80	100.00	127.60	132.45	103.54	104.10	100.53
俄罗斯	57.51	93.70	63.90	90.00	53.89	92.40	91.55	99.07

续表

国家	1998—2012 年（15 年跨度）					效率年均增长率		
	Effch	Tech	Pech	Sech	TFP	Effch – Anual	TFP – Anual	Tech – Anual
南非	67.62	99.50	70.00	96.60	67.28	94.56	94.50	99.93
EU27	95.70	92.30	100.00	95.70	88.33	99.37	98.24	98.86
均值	97.14	97.20	95.70	101.50	94.42	99.59	99.18	99.60

说明：效率年均变化低于 100% 则为效率下降。

由表 5 - 4 可知，1998—2012 年，规模效率引起总效率年均增长率为 3.54%，中国各项指数的变化情况如下：技术进步提高了 3.80%，技术进步指数为 103.80%，技术进步增长率为 0.53%；规模效率的变化使全要素生产效率高达 132.45%，全要素生产效率增长率为 4.10%。

1999—2000 年，中国技术进步变化指数为 100.90%，2001—2002 年为 101.40%，2003—2004 年为 106.00%。三个阶段呈现小幅度逐级增长态势，且技术变化指数都大于 1，技术进步的年均增长率为 0.53%，总效率的年均增长率为 3.54%，全要素生产效率的年均增长率为 4.10%。14 个跨度年间，技术进步提高幅度居第 3 位，仅次于爱尔兰 120.00% 和墨西哥 108.40% 的水平。发达国家在同一期间内并没有出现较为显著的技术进步，美国、法国、日本、韩国等国家的技术进步变化指数都在 100% 之下。中国的全要素生产效率变化指数也仅低于韩国和土耳其，排在第 3 位，发达国家的全要素生产效率也没有出现大幅度增长的趋势，如美国、英国、法国、德国、俄罗斯等全要素生产效率指数均低于 100%。

另外，由于中国的研发投入呈现规模效益递减，虽然研发规模大幅度提高带动了技术的进步，但技术进步提高幅度不大，产出提高的幅度也较小。而对于匈牙利和斯洛伐克两个规模效益递增的国家来说，其研发规模的提高在很大程度上促进产出的提升；1998—2005 年，TFP 值低于 100% 的瑞士、希腊、南非和奥地利，其呈现规模效益不变，未来增加研发规模其产出也可能同时提高。此外，TFP 值高于 100% 的捷克、爱尔兰、意大利、日本、荷兰等国呈现出规模效益不变，未来这些国家的研发产出仍有继续增加的可能。

四 数据分析归纳与结论

通过上述实证数据分析，可得出如下结论：

从绝对值上看，中国研发创新的总效率水平不高。1998—2012 年，中国 14 年的平均总效率水平为 57.24%，仅仅高于美国（52.62%）和俄罗斯（45.02%），表明研发效率存在近 53% 的损失。虽然韩国的均值仅仅为 58.46%，但仍高于中国，并且 2005 年韩国的研发总效率达到了 92.41%，1998 年这一数值仅仅为 27.96%，韩国的总效率呈现逐年提高态势；日本虽然在 2000 年达到最大值 107.76% 后开始下降，但仍保持在 100% 以上。中国相对较低的总研发效率从另一方面反映未来中国在研发效率的提高上存在非常大的空间。

从总效率、纯技术效率和规模效率看，中国研发创新的总效率不断提升。1998—2012 年，中国的研发效率总体呈现逐步提高的态势，但是，技术进步指数保持不变，效率的提高主要是依靠研发规模的扩大，美国、英国、法国、德国等发达国家也是如此。因此，未来由纯技术效率的提高引导总研发效率提高将是各国研发进步的重要体现。这就要正确认识到规模与效率的关系，既不能盲目单纯依靠扩大规模求得发展优势，也不能忽略规模优势的作用，规模效率的变动将直接影响总效率，未来中国应继续加大研发的投入力度，以规模效率的提高带动总效率的增长。

从技术进步指数看，中国的技术进步呈现一定的波动。技术的进步显示中国在利用先进技术提高生产效率上取得的进步，同时也显示出国家对技术进步的重视。虽然技术进步程度不断提高，技术水平不断进步，并出现两次大的技术提升，但技术进步程度不高，仍有待进一步提高。

通过比较总效率变化指数与全要素生产效率指数的变化趋势不难发现，总效率指数的变化趋势基本与全要素生产率指数变化趋势一致，而总效率的变化大多数是由规模效率变化引起的。前面的分析表明，1998—2005 年，技术效率指数的变化并不明显，说明研发创新活动的全要素生产率变动主要是由研发规模带动的。

从全要素生产率指数变化趋势看，全要素生产效率呈上升趋势。从中国研发创新活动全要素生产率指数构成和技术变化指数来看，可以认为技术进步在提高中国研发创新活动的产出效率中所起的作用不强，而自

2000 年以来，日本每次大的全要素生产效率提升都主要是由技术进步指数变动引起的。

因此，对于中国研发创新活动而言，依靠技术进步促进研发产出增加仍有较大的潜力，提高技术进步水平将成为促进中国研发创新产出增长的新动力。

第二节　支持企业自主创新的财税政策体系比较分析

一　财税支持系统

（一）美国支持企业自主创新的财税政策

1. 预算支出和税收减免

美国政府十分重视对创新的支持，凭借其强大的经济实力，不断加大研究开发方面的预算。美国政府在研发方面投入，1970 年仅为 149 亿美元，而到 2006 年却达到 3688 亿美元，增长 20 多倍，占 GDP 的比重为 2.68%。

美国政府 2008 年研发支出总额达 3976 亿美元，占 GDP 的 2.79%。美国政府对研发的财政刺激主要表现为对研究开发支出的税收减免，如企业投资于科技研究开发的费用若超过基期的研究开发支出额，超过部分可享受 25% 的税收减免，用于技术更新改造的设备投资可按其投资额的 7% 抵免当年应缴所得税，后又将此比例提高到 10%，委托大学和科研机构进行基础研究，所支付研究费用的 65% 可直接从应纳所得税中抵免，新增研发费用的 20% 可直接冲减应税所得额，若当年没有盈利，则抵免额和费用扣除可往前追溯 3 年，往后结转 5 年，对于私人为建立科研机构而捐赠的款项一律免税。对企业研究开发所使用的仪器设备实行加速折旧等。①

2. 政府采购

《美国产品采购法》的宗旨是扶持和保护美国工业、美国人和美国投

---

① 匡小平、肖建华：《典型创新型国家自主创新激励的财税政策》，《涉外税务》2007 年第 11 期。

资资本。该法规定，联邦各政府机构除在境外使用、价格过高、对本国产品优惠不符合公共利益及本国产品数量不够或质量不高等特殊情况外，必须购买本国产品，工程和服务必须由国内供应商提供。

同时还规定，只要本国供应商的报价不超过国外供应商报价的6%，则优先交本国供应商采购。① 美国政府的这些财政税收政策优惠或本国优先措施的实施，对提高企业自主创新的积极性和创新能力提升有着重要的作用。

（二）日本支持企业自主创新的财税政策

日本政府对研发投入支持的财政激励政策主要有研究与开发补贴、专利政策和政府协调政策等。另外，日本政府虽然进行大规模政府采购，但没有成为一种重要的创新政策工具。

日本政府对自主创新的资助政策包括财政投入、财政补贴、税收优惠等政策。日本政府的税收优惠政策、研发投入支持政策等方面对企业自主创新的支持，极大地促进了日本企业的发展和竞争力的提升，对推动日本经济发展也有积极的作用。

1. 财政研究开发支出

在研发投入方面，研发经费占 GDP 的比例 1950 年仅为 0.3%—0.5%，但 2006 年已达到 3.39%，50 年的时间几乎增长了 120 倍，增长速度非常快。2008 年研发支出占 GDP 比重增加到 3.44%。日本政府在研发领域内的大量投入，刺激了企业自主创新投资的积极性，由政府主导的研发经费筹资模式转变为企业主导筹资模式。

2. 税收优惠

日本政府对用于重大技术的研究开发设备进行税收减免，一般技术开发设备价格的7%可以直接从公司税中扣除。此外还扣除试验研究费的税额，如果企业进行试验研究所需费用超过过去每年研究费的最高额，按超额部分的20%扣除。②

（三）韩国支持企业自主创新的财税政策

1. 政府支出政策

长期以来，韩国政府一直重视对科学技术的投资，在政府支出政策方

---

① 常超、王铁山、王昭：《政府采购促进企业自主创新的经验借鉴》，《经济纵横》2008 年第 8 期。

② 王春法：《技术创新政策：理论基础与工具选择》，经济科学出版社 1998 年版。

面，研发投入占 GDP 的比重 2006 年为 3.23%，成为推动创新的重要支持力量。2008 年研发支出占 GDP 的比重为 3.36%。

韩国政府对技术开发的资金支持主要依靠政府财政拨款和政策性贷款，财政拨款主要用于政府部门主管的和国家级技术开发计划，对企业的研究开发费用在 50%—90% 的范围内给予无偿支援，而政策性贷款则表现为以低息向企业开发项目提供资金支持。①

2. 税收政策

为鼓励企业进行创新，实行技术开发准备金制度，企业可按收入总额的 3%—5% 提取准备金。

此外，还包括研究试验用设备投资享受税前扣除或加速折旧、技术及人才开发费扣除等税收优惠政策。从韩国政府的政策支持情况看，政府重视对科技的投入，科技投入增长速度快。在政策扶持方面，韩国政府采购政策对本国企业实施优先原则，而在税收优惠支持方面的力度比较大、措施也比较全面。

二 运用财税手段支持企业自主创新的国际经验

（一）政府的科技投入得到充分保障

在本文分析的国家中，企业成为自主创新的主要力量，主要表现在企业 R&D 投入在国家总的投入中所占比例已经超过政府科技投入在总投入中所占比例。

但是总体来看，在创新型国家，政府的科技投入一直保持稳定增长水平，且在先进经济体中，政府科研投入的增长速度均高于其国内生产总值的增长速度，政府研发投入占国内生产总值的比重也在不断向 1% 的水平靠近。创新型国家从多个方面、多个角度保障了科技投入的增长，不仅强化了政府对科研费用的监督和管理，保证科研经费使用的有效性，而且制定相关的法律法规，完善关于科研经费的预算制度等。这些措施在很大程度上促进了国家科技发展和企业创新能力的提高。

（二）政府采购政策有效地促进了创新

分析创新型国家的成功经验后可以发现，创新能力较高的国家都具备了健全的政府采购政策，政府采购政策对企业创新能力的提高和本国企业

---

① 李薇薇：《韩国促进企业自主创新的政策法律研究》，《华中科技大学学报》2007 年第 4 期。

的发展和创新方面发挥着至关重要的作用。政府采购政策有助于扶持中小企业发展并提高其自主创新能力，可以将各种资源投入吸引到国家急需的重点技术项目上来，从而有助于国家科技政策发挥作用。美国许多著名大企业如波音、微软等每年都从政府方面获取大量合同订单。

此外，美国法律还规定，在美国联邦政府采购中，必须保证小企业获得 23% 的采购份额，同时，大型企业获得的政府采购份额在执行过程中，应保证转包给小企业 20% 的份额。

（三）税收政策对国家科技投入形成了有效的支撑

众多先进的创新型国家都积极利用形式各异的税收政策来鼓励企业的自主创新活动。在重视市场经济作用基础之上，政府制定的税收优惠政策推向市场并由市场引导和选择企业对科技投入的使用程度。合理的税收优惠政策提高了企业经营的规模和效益，提高了企业的竞争力，并使税收真正做到了"取之于民，用之于民"。

（四）政策性金融政策有力地促进了中小企业的创新

政府金融政策对中小企业的创新发挥着至关重要的作用。由于中小企业是最具创新活力的群体，所以创新型国家往往给予中小企业宽裕的创新空间和众多的政策支持。

美国自 20 世纪 70 代后期以来，为了鼓励中小企业发展，制定一系列适应不同类型、不同成长阶段小企业特点的金融政策，极大地促进了小企业的成长，提高了中小企业的整体创新能力，引发了以小企业创新为载体的新经济革命，给美国带来了近 20 年的经济繁荣。

三　中国政府财税支持体系存在的问题

与国外创新水平比较高的发达国家相比，中国政府创新投入比例不高，在支持企业自主创新过程中还没有充分发挥其引导作用，制约了企业自主创新能力的提升。概括起来，政府在支持企业创新方面存在的主要问题包括以下几方面：

（一）政府的科技经费投入不足

依据科技部统计资料，从全国的科技经费筹集额总量来看，政府资金由 2002 年的 776.19 亿元增加到 2007 年的 1703.6 亿元；但从相对量来看，2002—2007 年，政府投入在科技经费筹集总额中所占的比重从 22.1% 增加到 24.3%。2008 年政府资金为 1902 亿元，占全国科技经费筹集额的 20%。由此看出，总量呈现增长趋势，但增长趋势并不显著，说明政府科技投入增长相对缓慢。

从研发经费投入来看，中国研发经费来源结构也由以政府筹资为主开始向以企业筹资为主转变。2007年，科技经费筹集中来自企业的研发经费已经超过70%，但2007年研发经费投入占GDP的比重仅为1.49%，在创新型国家的该项指标一般在2%以上。2008年企业资金占科技经费筹集总额的70%。这说明在科技经费筹集中，来源于企业的经费相对于企业目前的实力而言有些偏高，政府投入相对不足。研发经费来源于政府的部分有些偏低，科技经费并没有随着经济的增长呈现相应幅度的增长，全球化竞争使企业面临的竞争环境更加激烈和研发风险更大，政府加大投入力度就显得尤其必要。

例如，像美国这样的发达国家，在研发经费投入占GDP的比重超过2%后，企业才成为研发经费来源主体。即使如此，美国和其他发达国家一样，也十分重视增加政府的投入力度，尤其在企业投入力度较小的情况下，政府仍然是研发经费主要来源之一。由此看出，尽管企业主体地位日益明显，但政府投入很难有效支持企业创新活动，需要继续增加政府的科技经费投入。表5-5和表5-6是世界主要国家R&D的投入及其占GDP比重的情况。

表5-5　　　　　　世界主要国家 R&D 的投入占 GDP 的比重

单位:%

国家	2006 年	2007 年	2008 年	2009 年	2010 年
中　国	1.39	1.40	1.47	1.70	1.77
美　国	2.64	2.70	2.84	2.90	2.80
日　本	3.40	3.44	3.45	3.36	3.30
德　国	2.54	2.53	2.69	2.82	2.82
英　国	1.75	1.78	1.77	1.85	1.77
法　国	2.11	2.08	2.12	2.26	2.26
加拿大	2.00	1.96	1.86	1.92	1.80
意大利	1.13	1.17	1.21	1.26	1.26
俄罗斯	1.07	1.12	1.04	1.25	1.16
韩　国	3.01	3.21	3.36	3.56	3.74

表5-6　　　　　　　　　　世界主要国家 R&D 的投入

单位：亿美元

国家	2006 年	2007 年	2008 年	2009 年	2010 年
中　国	376.66	487.67	664.3	849.33	1043.22
美　国	3509.23	3775.94	4036.68	4015.76	3958
日　本	1485.26	1507.91	1681.25	1609.47	1420
德　国	737.37	841.48	974.57	930.97	924.58
英　国	426.93	500.16	471.38	402.91	398.58
法　国	475.50	537.93	601.55	592.98	577.89
加拿大	256.36	278.55	280.16	257.14	283.66
意大利	211.15	249.53	278.21	266.85	258.78
俄罗斯	106.21	145.06	173.45	153.06	172.35
韩　国	286.41	336.84	313.04	297.03	379.35

资料来源：中国科技统计网。

改革开放以来，中国政府对自主创新的投入得到了较大的改善。虽然从总量上政府科技投入拨款逐渐增加，但相对增长幅度较小。在企业自主创新投入的几个主体当中，政府投入比例有减少的现象，这些问题的存在使企业自主创新这一具有公共产品特征的投入绝大部分由企业自身承担，出现政府投入不足和强度小的问题，难以满足企业创新需要和阻碍创新能力提升。

与美国、日本和韩国三个国家相比较，中国 2007 年的研发投入为1.49%，美国是2.68%，日本是3.39%，韩国是3.23%。由此可以看出，在政府资金投入方面，中国政府对自主创新的支持力度还比较小。

政府采购方面，中国政府在采购法制建设方面长期处于滞后状态，对企业自主创新成果的采购规模小，政府采购政策没有发挥支持企业创新的作用。在税收方面，对企业自主创新的税收优惠措施少，力度小。

另外，由于中国实行的是流转税和所得税为主体的双主体税制，对企业自主创新的激励大部分是通过税额减免、区域优惠来实现，但这种政策激励未能收到良好的效果，问题在于两种税之间的关系不协调，有的重复征收或互相抵减，起不到税收支持的效果。总的来说，政府体系在支持企业自主创新的过程中，仍需要继续加大投入和政策支持力度。

（二）基础研究经费占财政科技投入比重较低

一般而言，无论发达国家还是发展中国家，其经费支出结构包括试验发展、应用研究、基础研究三种类型，其中，试验发展所用的经费支出比例最大，其次是应用研究，最后才是基础研究，所以说经费支出的分配不合理。

根据中国科技部公布的数据，发达国家研发经费分配在基础研究中的比例一般都在 10% 以上，法国、意大利甚至达到 23.7% 和 27.7%。与其他国家相比，2007 年，中国基础研究经费在研发经费支出总额中的比重仅为 4.7%，比重偏低。2002—2007 年，基础研究在研发经费中所占的比重约为 5%，与研发经费的总额增长速度和研发经费的强度相比，这个比重明显偏低。加强基础研究可以为经济社会发展的突出问题提供基础性、前瞻性的知识储备和科技支持，是提高自主创新水平的重要环节。由于基础性科学研究成果具有公共产品的特征，基础研究经费显然应主要来源于政府财政投入。

（三）政府采购与税收优惠方面存在的问题

中国政府采购法中缺乏对促进企业自主创新的相关明确规定，这对保护企业自主创新起不到太大作用；中国政府采购规模相对较小，对自主创新的拉动作用有限。

与政府采购问题类似，中国的税收政策不完善。其中，在税收优惠方面，现行的税收优惠政策不能有效鼓励企业在人力资本方面的投资，以科技人员所获得的奖金为例，由于免税门槛过高，在一定程度上打击了其工作的积极性；创新人才支持的税收优惠力度较小，扣除比例的门槛也较高。

现行税收政策偏重科技创新的产出，缺少对科技创新的资金支持，这种急功近利的做法在短期成效较大，但是在长期内不利于创新能力的提高；税收扶持政策更多地体现为对研发成果取得收益阶段的优惠，而针对研发环节投入的支持力度不够，尤其缺乏能够减少和弥补企业研发失败以及风险投资失败造成损失的扶持政策。

第三节　支持企业自主创新的金融体系比较分析

一　企业自主创新银行支持体系

商业银行是传统的金融机构，在世界上任何一个国家都具有举足轻重的作用。目前中国的金融体系还是以商业银行为主导，但从现状分析发现商业银行在企业自主创新中的重要作用并没有得到充分发挥，与发达国家相比，银行体系在支持企业自主创新方面还存在较多问题。

（一）美国银行支持体系

美国的商业银行在技术创新融资中相对来说处于一个次要的地位，尽管其在整个社会融资总额中占有绝对数量优势，在 1927 年美国通过《麦克费登法案》，限制银行跨越州界经营金融业务，这使得美国的银行业相当分散，尽管后来这种限制被取消了，中小银行数量仍然很多，在美国约有 15000 家商业银行可以为从事技术创新活动的企业贷款，但提供的多为中短期资金。商业银行对技术创新的贷款主要是与其他机构合作开展的，如中小企业管理局。

中小企业创新中的贷款资金申请的具体操作过程为，企业首先向中小企业管理局提出申请，由中小企业管理局向商业银行提供担保，保证当借款人逾期不能归还贷款时支付不低于 90% 的未偿还部分，但中小企业管理局提供的担保贷款不超过 75 万美元，担保部分不超过贷款总额的 90%。[①] 在美国，小企业的创新意识更强，但与大企业相比它们更缺乏创新所需要的资金，中小企业管理局和商业银行合作贷款的模式，对促进和推动企业自主创新的发展起到了很重要的作用。

（二）日本银行支持体系

日本长期以来采用的是"银行导向型"的金融发展模式，银行体系的间接融资居于主导地位。后来，为顺应大企业由间接金融转向直接金融的脱离银行倾向，商业银行开始积极开展面向中小企业的业务，以确保客户、维持收益。在都市银行贷款总额中，中小企业所占比例在 20 世纪 80 年代初为 40%，以后逐年扩大，90 年代初已达 65.8%。

根据日本银行《企业短期经济观测调查》公布的调查结果，日本普通商业银行对中小企业的信贷态度已优于大企业约 20%。[②] 此外，以股份公司形式组建的银行，在 20 世纪 80 年代以后向普通商业银行方向发展，银行所开展的业务种类快速增加，为企业提供融资便利创造了条件。总体来看，日本银行在促进企业创新和发展方面起到了积极的作用，是企业资金获取的重要渠道。

---

① 苗启虎：《技术创新融资理论和体系构建研究》，博士学位论文，上海交通大学，2006年。

② 陈晓红等：《中小企业融资》，经济科学出版社 2000 年版。

（三）韩国银行支持体系

20 世纪 60—90 年代，韩国金融部门主要由政府控制，银行不是追求利益最大化的独立的市场主体，大量的贷款不是为了获取利息收入，而是为了提高产业投资水平、扩大出口和促进经济增长，银行是执行政府政策的工具。[1]

韩国政府在银行体系中的作用不仅是为企业贷款提供担保，同时也为银行提供国家信用，在一定程度上降低了银行的信贷风险和企业贷款的困难程度，有助于解决企业创新中的资金短缺问题。尤其是在支持中小企业技术创新方面，韩国政府专门设立中小企业银行，中小企业银行 90% 以上的信贷资金要投资到中小企业。韩国政府还在 1978 年开始通过中小企业特别资金支持政策，这种资金期限长、利率低，目的就是支持中小企业技术创新。韩国政府还通过多种措施向信用和担保能力小的中小企业提供灵活的支持。韩国政府的银行信贷措施，对帮助企业创新起到了积极的作用，尤其是对创新型中小企业开展创新活动支持作用明显。

（四）中国银行支持体系

中国的商业银行长期服务大型企业，缺乏对高新技术企业、自主创新企业特性的研究分析，缺乏对高新技术企业量身定做的金融产品，贷款品种难以满足高新技术企业个性需求。企业自主创新项目需要中长期资金进行研发和开拓市场，但很难得到银行中长期贷款支持。而在企业科技经费筹集来源中，银行贷款比例仅占 5% 左右，并且几乎 90% 以上的资金都被规模以上企业获得。此外，企业进行债务融资时通常面临"信贷配给"问题，特别是中小企业，由于外部信息的内部化，银行对其"惜贷"现象更为严重。

目前中国银行金融体系还很不健全，缺少专门服务于中小企业的金融机构，信用担保制度建设滞后，也没有良好的信用体系，使银企之间存在信息不对称，导致银行对企业自主创新科研投入程度很低，企业难以获得银行的信贷资金，阻碍企业自主创新快速发展。

二　企业自主创新债券市场支持体系

债券市场已经成为企业自主创新过程中主要的外源融资渠道，一些经济比较发达的国家都建立了相对完善的债券市场，如美国、日本、韩国

---

[1]　黄隽、汤珂：《商业银行竞争、效率及其关系研究》，《中国社会科学》2008 年第 1 期。

等，为促进该国企业获得创新资金支持提供了较大便利。

(一) 美国债券市场支持体系

债券融资是市场经济国家非金融机构外部融资的最主要来源之一，美国的债券市场发展较早，规模较大，非常活跃，2000 年美国债券市场的规模与 GDP 之比达到了 46.4%，而 2005 年美国债券市场可流通余额已经约为美国 GDP 的 2 倍。美国 2010 年债市规模占 GDP 的比重高达 222%。1991—2001 年美国公司融资额的 38.2% 来源于债券，而 1970—1985 年这一数字为 29.8%。2007 年美国公司债券发行余额已超过万亿美元。

美国企业债券市场发展的主要特点是：第一，规模大、债券品种多。美国债券市场总体规模增长速度比较平稳，年均增长率为 9.1%，且可流通的债券品种丰富，包含国债、市政债券、抵押支持债券和资产支持债券、公司债券等。第二，进行信用评级制度规范。一般只有被公众认可的公司才能发行企业债券，在公开市场上发行企业债券需要经过严格的信用评级，一家公司只有在股市有记录并获得资信等级后才可发行公司债券。第三，政府在债券市场中的参与程度高。美国的债券市场、股票市场和房地产市场中，政府参与债券市场的程度最高，债券市场受政府的直接影响也最大。2000 年受美国政府影响的债券余额占美国债券市场规模超过50%，这表明债券市场在企业筹资中发挥了重要的作用。

(二) 日本债券市场支持体系

1890 年，日本第一次发行企业债券，此后债券市场得以发展，但一直是银行融资的附属物。直到 1996 年债券市场完全放开后，日本公司债券市场才实现真正的自由化并得以发展壮大。

1998 年以后，金融债券的总额逐渐低于企业债券，2002 年，金融债券占债券市场总规模的比重为 5.81%，企业债券所占比重为 9.79%。总的来看，日本债券市场具有如下几个特点：第一，企业债券市场受主银行制的影响较大，导致债券市场相对美国等国家发展较慢。第二，企业债券品种多，周期长。这有利于企业根据自身需要设计债券品种，调动企业通过发行债券融资的积极性。同时，有利于增强对投资者的吸引力，拓宽资金来源的渠道。第三，透明高、监管力度大。日本采取了包括降低发行标准、引进信用等级制度、引进竞争投标方式等，这些措施都有力地保护了债券持有人的利益，提高他们投资的积极性。

总体来看，日本债券市场不如美国等国家发达，但是它在企业资金筹集中也有重要作用。

（三）韩国债券市场支持体系

韩国公司债券市场主要有以下特点：第一，金融机构是公司债券的投资者。在韩国公司债券市场上，金融机构是最大的投资者。在金融机构中，主要公司债券持有人是银行和信托投资公司，其中信托公司持有量为37%左右，银行持有量约为20%，个人投资者的持有量通常为2%左右。第二，债券种类多元化。为了满足不同投资者的需求，韩国公司债券包括可转换债券、参与者债券和内含期权债券等。此外，信用评级严格。要求按照债券发行人偿还本金和利息的能力来对债券进行评级，同时考虑发行人的稳定性和增长潜力，所有公开发行的公司债券都需要至少两个评级公司对其进行评级。

韩国债券市场发展表明，债券市场对解决企业资金问题有积极影响，同时企业可能获得长期资金，支持企业创新活动。

（四）中国债券市场支持体系

中国的债券市场尚不完善，无论是规模，还是市场化程度，都和美国、日本和韩国等发达经济体存在着一定的差距。到 2006 年年底，除央行票据外，中国债券市场余额为 57455 亿元，占国内生产总值的比重为27.44%，不仅低于中国股票市场市值占国内生产总值的 42.70% 的比重，而且远远低于发达国家 163.11% 的水平。企业债余额仅为 2831 亿元，占GDP 的比例仅为 1.35%。近年来，中国市场债券托管量稳步增长。由2008 年年末债券托管总额 10.3 万亿元到 2011 年年末的 22.1 万亿元，占GDP 的比例为 47%，但其远低于发达国家 163.11% 的水平。

此外，中国缺乏明确的法律规定，并且信用体系不健全、信用评级机构少、信息披露不完善，金融制度建设没有有效地支持债券市场的发展，这些问题的存在，导致投资者不愿长期投资于债券市场，由此引发企业难以从债券市场获得稳定的资金支持，制约企业自主创新发展和创新能力的提升。

三　创业板市场支持体系

资本市场上的二板市场是"标准"股票交易市场之外的市场，又被称为技术板市场、创业板市场。与主板市场相比，二板市场上市的企业标准和上市条件相对较低，创新型企业易于上市募集发展资金。因此，二板市场的建立和发展有利于促进企业筹集创新所需要的资金，促进企业自主创新能力提升。

（一）美国的创业板市场支持

美国资本市场具有层次最完善，风险全覆盖，与企业信息量相匹配等方面的特点，这对促进科技型中小企业筹集资金起到了重要作用。尤其是美国建立了一个相对成熟和完善的创业板资本市场，它最初定位于服务科技型创业企业的发展，对美国后来的高科技企业发展起到了重要推动作用，也为风险资本提供了良好的资金循环渠道，将风险投资家和许多成长潜力大的高科技公司聚集于市场之中。

总体来看，美国的创业板市场具有以下特点：第一，宽松的上市条件。由于创新型企业成立时间短，前景不明确，通过低门槛的创业板市场上市，有助于其筹集足够的发展资金，促进企业创新。第二，筹资成本低。创业板资本市场上市的费用较低，且公司上市后的收购、重组等行为不再缴纳附加费，这对于原本就缺乏资金的科技型中小企业而言无疑具有积极刺激作用。第三，为风险投资运作提供了较好的保障。风险投资对于创新型科技企业的创新发展的作用已经越来越明显。创业板市场的发展，可以更好地披露上市的科技型中小企业的信息，降低投资者与企业之间的信息不对称程度，从而有助于风险投资投向企业，且创业板市场为风险投资的退出也提供了良好的渠道，刺激了风险投资将资金投向科技型中小企业，资金的充足也大大提高了企业创新成功的可能性。

总之，美国的创业板资本市场的发展，对满足创新型企业筹集创新资金提供了条件，激发了科技型中小企业创新的动力。

（二）日本的创业板市场支持

1983—1985 年，日本政府为加强一级股市管理制定了一些重要法规，如允许没有在交易所上市的中小企业集资，经过多年的改革和发展，1992年，日本正式形成了二板市场。

与美国的二板市场相比，日本的二板市场在为高科技企业提供融资服务过程中有其自身的发展特点，这主要可从以下几方面体现出来：第一，市场限制逐步放宽。日本的二板市场主要是为高风险企业和中小企业上市的二板市场，它是风险企业筹集资金的重要渠道，限制的放宽使日本的二板市场快速发展起来。第二，日本的二板市场的个人投资者数量大。由于日本的二板市场限制相对较少，交易灵活便利，尽管该市场存在较高的风险，但回报率同样也非常高，由此吸引了大量的个人投资者。第三，信息披露较充分。基本上店头股票的资讯披露程度与上市股票相同，为了充分披露日本二板市场登记公司的资讯，推动了每季财务报表申报制度和鼓励发行公司参与资讯整合的活动。① 但在为高科技项目发展提供支持的创业投资中，风险公司主要由银行业和证券业投资设立，多为某一企业集团的成员公司，投资以自由资金为主，对所投资项目仅提供金融方面的支援，技术评价能力较弱，投资对象倾向于风险不高者，并且由于日本企业股票公开上市平均于公司创立 30 年后，风险投资的流动性不强。②

整体来看，尽管日本的二板市场发展落后于美国，但其针对风险相对较高的企业定位，使得创新型企业有较多的机会从二板市场筹集创新所需要的发展资金，对促进企业创新具有积极的意义。

（三）韩国的创业板市场支持

1996 年，韩国仿造美国的二板市场模式，成立本国的创业板市场，其市场定位是为高科技企业、中小企业和风险企业提供融资服务。2007 年 2 月末，韩国的创业板市场的上市公司数量已经达到 973 家，总市值超过 73 万亿韩元，韩国创业板市场已经具有相当的规模。此外，韩国的创业板市场极大地促进了韩国风险资本业的发展，1998—2001 年，韩国风险投资公司增加到 11000 家，风险投资公司数量保持平均每年 10% 以上的速度增长。③

总体来看，韩国企业在创业板市场的推动下，企业可以比较方便地筹集创新所需要的资金，促进了科技企业的创新和发展，科技产业正逐步取代传统产业成为韩国经济发展的新动力。

（四）中国的创业板市场支持

中国资本市场成立和发展时间都比较短，目前中国资本市场的建设重点放在沪深两市的 A 股市场，尚未正式建立创业板市场，仅有一个中小板市场于 2004 年深交所成立，到 2009 年已有 273 家中小企业在中小板成功上市。尽管中小板定位于具有高成长潜力的中小型企业，是一个全流通的股票市场，这对吸引风险投资，从而对科技含量高、有创新意愿企业的筹集资金，推动自身成长有较好的促进作用。

---

① 王海东、张志宏：《日本 JASDAQ 市场的改革及未来前景》，《日本研究》2001 年第 2 期。

② 张景安：《风险投资与二板市场》，中国金融出版社 2000 年版。

③ 欣士：《韩国 KASDAQ：位居前列的新兴创业板市场》，《深交所》2008 年第 1 期。

实际上，中小板市场的上市门槛还是相对比较高的，能够上市的企业数量极为有限，那些能够上市的企业往往不是资金非常短缺的企业，而真正需要资金的企业却常常被排斥在门外，制约企业自主创新能力的提升。

四　企业自主创新风险投资支持体系

（一）美国风险投资支持体系

风险投资起源于美国，20世纪60年代开始传入西欧和日本，今天风险投资已遍及所有发达国家、新兴工业国家以及部分发展中国家。发达国家的实践证明，风险投资的发展对促进企业自主创新、科技成果转化和高新技术产业发展都做出了重要贡献，大大提升了企业的自主创新能力和市场竞争力。

作为风险投资的发源地，美国是风险投资最发达、最成熟的国家，形成了比较完善的模式。风险投资对美国经济的发展做出了重要贡献，尤其是在促进科研成果转化和高新技术发展方面，大大增强了美国企业实现技术突破和开发新产品的能力，提高了企业的竞争力。

美国风险投资业主要呈现出以下特征：

第一，拥有完善的法律保护和政策支持环境。美国建立一整套的保护风险投资和技术发明创新的法律体系，形成了对风险投资、知识产权、技术转让、技术扩散等强有力的法律保护体系。而且通过有利的税收、政府采购、担保等政策支持风险投资为创新型企业提供资金。

第二，具有通畅的投入产出机制。美国风险投资资金来源主要包括个人、养老基金、大公司投资等，多元化的资金来源为风险投资的发展提供了充足的资金。风险投资可通过健全的资本市场体系实现顺利退出，这也有助于风险投资进入风险高的企业创新活动中。

第三，严格的风险控制机制和强有力的激励约束机制。风险投资公司不仅为企业创新提供资金，也提供全方位的服务，以实现对企业风险更好的控制。

总体来看，美国风险投资业的发展为企业创新提供了融资便利，有助于缓解企业创新中的资金投入不足的"瓶颈"，大大提高了企业创新成功的可能性，对促进企业自主创新能力和竞争力提升有较大的贡献。

（二）日本风险投资支持体系

日本风险投资是模仿美国的风险投资模式逐步发展起来的。1963年，日本政府制定了《日本小型企业投资法》，并在1974年设立了半官方性质的风险投资企业中心，主要是对风险高的技术创新风险项目提供无息的贷款，成功偿还，失败免责。日本有 52% 的风险投资企业的母公司是各类商业银行和保险公司，有 25% 的企业的母公司是证券公司。银行、保险公司等金融机构所属的风险投资企业占整个行业的 77%，可见，金融机构附属的风险投资公司是日本风险投资的主要组织形式。①

尽管日本的风险投资业是在借鉴美国的基础上发展起来的，但是，日本的经济金融体制与美国的风险投资有很多区别，日本风险投资业的特征具体表现在如下几个方面：

第一，风险投资的资金来源主要是银行等金融机构，风险投资公司的董事会成员多半是由金融机构委派的，一般没有技术方面的支持和背景。

第二，风险投资的投资发放方式以贷款为主。日本有 70% 的风险投资公司从事贷款业务，而不是投资业务。并且很少将资金投放到创新型企业，更少涉及创新型企业早期阶段的投资。

第三，注重中后期投资。由于日本缺乏风险投资公司的风险投资人，致使风险投资企业很难把握有良好前景的创新项目，丧失了最佳进入时机。

总体来看，日本的风险投资发展要落后美国等国家，在推动企业创新方面也没有发挥出应有的作用。

（三）韩国风险投资支持体系

1998 年亚洲金融危机后，韩国风险企业快速发展起来，韩国财政经济部统计数据显示，在 1998 年后两年的时间韩国创办的风险企业多达 5000 家，投向风险产业的资金也逐渐增多。

风险投资业的快速发展为韩国创新型企业发展带来了活力，韩国的风险投资主要特点是政府建立风险投资基金，并提供法律保障。对风险企业的资金提供投资和间接支持，并不断增加风险基金金额，有效地提供风险企业所需要的创业和发展资金。通过加大科技立法，扶持风险投资企业的发展，并提供税收等方面的优惠政策。韩国政府在风险投资业中的积极作用，为推动风险投资支持企业创新提供了强有力的支持，是促进韩国经济增长的重要原因之一。

（四）中国风险投资支持体系

与发达国家的风险投资相比，中国的风险投资发展的时间比较短，目

---

① 徐宪平：《风险投资模式的国际比较分析》，《管理世界》2001 年第 2 期。

前仍处于培育阶段，风险投资市场还没有真正形成，在为创新型企业提供创新资金支持方面还没有发挥出其应有的作用。

造成中国风险投资发展缓慢的原因是多方面的，归纳起来，主要有：

第一，现行的法律法规不适应风险资本市场发展的特点，风险投资的准入和退出环节受到法规的限制。相比发达国家，没有健全的多层次资本市场，特别是没有健全的二板市场，导致风险投资基金缺乏有效的进入和退出渠道，在市场上的流动性很差。

第二，缺乏风险投资运行的氛围和机制，风险资金的来源主要是政府财政专项拨款和金融机构贷款，大规模的民间资金和个人资金没有得到充分利用。

第三，专业性中介服务机构比较缺乏。尽管经过多年的发展，资产评估事务所、律师事务所、投融资咨询机构等中介得到了较快的发展，但真正面向风险资本市场的比较匮乏。且中介服务和管理还存在不规范问题，妨碍了风险资本市场的发展。

第四，政策资源配置不合理。尽管政府出台了较多关于创新型企业发展的政策扶持措施，但对投资于创新型企业的风险投资业的扶持政策却几乎没有，政府资本在风险投资中所占比例过高。

此外，中国也没有健全的担保体系，风险投资的专业人才也比较少等，这些问题的存在导致风险投资发展缓慢，难以为企业开展自主创新提供有效的资金支持。

五　中国金融体系支持企业自主创新的比较分析

与国外创新水平较高的国家相比，中国在支持企业自主创新方面，金融体系还不足以满足企业自主创新的资金需求，金融对自主创新投入比例过低。

（一）风险投资基金的发展缓慢

风险投资的对象大多为中小企业，大型企业由于实力较强、信息透明度高，可以比较容易在金融市场上通过发行股票、债券直接融资等方式获取创新和发展资金。总的来说，中国二板市场尚未开放，中小板门槛过高，没有建立起统一的产权市场，中国风险投资市场发育不成熟，风险投资发展缓慢。

具体来说，尽管中国风险投资基金已经有了一段时期的发展，但相对于发达国家来说，无论是从体制建设还是风险投资数量，都还有明显的差距。《中国风险投资行业调查分析报告》显示，到 2005 年年底，可投资于中国内地的风险投资为 464.50 亿元，高出 2003 年风险资本总量 139.6 亿元，风险投资总体规模逐年稳步增长。但是，其中，40.57% 的资金被有外资背景的机构掌握，很大一部分资金没有对中国的自主创新起作用，风险资金在企业科技经费中所占的比重非常小。2011 年上半年，中国风险投资行业调研报告显示，在上半年投资中国的 444 个项目中，其中披露投资金额的 297 个项目涉及投资金额 841.12 亿元。在源于中国内地的风险资本中，个人投入与非金融类企业的资金比例最高，分别占 45.39% 和 37.04%，政府类投资为 3.07%，金融机构的资金比例仅为 14.5%；在来源于海外的风险资本中，机构投资者投入的资金比例最高，占新募集海外资本的 81.56%。

（二）风险投资退出机制不健全

目前，中国资本市场不完善。首先，证券市场不健全，配套机制不完善。由于主板市场对上市公司资格的限制十分严格，将很多创新型企业拒之门外，而二板市场又处于健全之中，使得创新企业没有属于自己的融资渠道，风险投资发展缓慢。其次，中国的产权交易市场不完善，目前，中国产权市场不完善、地区分割严重，还没有形成一个全国统一的产权交易市场，且各市场的流动性差，存在政府干预过多的现象，造成产权不能流畅、自由地交易，流通的受阻，使得风险资本很难顺利地退出。

（三）商业银行信贷缺乏有力支持

依据国家科技部的统计资料，从全国的科技经费筹集额来看，金融机构的贷款金额由 2002 年的 201.9 亿元增加到 2007 年的 384.3 亿元。但从相对数来看，金融机构的贷款在科技经费筹集总额中所占的比重从 5% 增加到 7%。在 2008 年全国科技经费筹集额中，金融机构的贷款金额为 405.2 亿元，比重为 4.4%。比重变化并不显著，且在总筹集经费中的比率一直低于 10%，说明金融机构对企业自主创新的投入严重不足。

尽管中国资本市场有了一定的发展，但还很不成熟，缺乏对社会资本的合理引导，使得资本市场作用不明显。从目前金融支持体系发展来看，还缺乏一个比较活跃的私人资本市场，专业化金融中介服务机构缺乏，管理不够规范。

（四）企业内部投入存在的问题

随着经济的发展，企业自主创新的层次不断提高，以企业为创新主体的体系也渐露雏形，逐渐形成了部分具有国际竞争力和自主知识产权的科技型企业。但总体来看，企业自主创新中还存在较多问题，为了切实地提高企业的自主创新能力，应首先从企业内部的这些问题入手，为企业创新能力的提高打下坚实的基础。

1. 科研经费投入水平低

科研经费投入水平是衡量一个企业对自主创新活动重视程度的重要指标。研发不仅是创新活动的重要因素，而且是创新活动中最可靠、最具普遍性和最容易进行比较的统计指标。比如，仅一项研发投入指标就可以衡量 OECD 国家 90% 创新能力的差异。可见，较低的研发投入水平将会严重制约企业自主创新活动的开展。在绝对值上，中国 2001 年研发的投入总额首次突破 1000 亿元，到 2007 年增加到 3710 亿元，2011 年研发投入总额增加到 8687 亿元，呈现逐年增长状态；在相对值上，2007 年，中国企业研发经费占销售收入的比例为 0.81%，2011 年企业研发经费占销售收入的比例为 0.71%，远远低于发达国家 3% 的水平。国际标准上认为，如果一个企业的科技研发投入占销售收入 1% 以下，将难以在市场上生存，这个比重要增加到 5% 左右才会有竞争力。所以，中国提高自身科技研发投入已经迫在眉睫，不能只重视绝对值的增长，更要重视相对值的增长。

2. 企业缺乏自己的研究机构

发达国家在企业自主创新中大多建立有企业自己的科研机构，来推动本企业的产品和技术创新，2002—2007 年，中国有研究与试验活动的企业从 7100 家增加到 8954 家，增加了 1854 家，但中国有研究与试验活动的企业占全部企业总数的比重却有所下降，从 2002 年的 31% 下降到 2007 年的 25%。2011 年，全国有科技机构的规模以上工业企业 25454 个，其占全部规模以上工业企业的比重仅为 7.8%。

3. 科研人才严重不足

企业自主创新最重要的是科技人力资源，但中国企业科研人才缺乏是长期困扰企业创新的难题。从绝对值来看，科技部的统计资料显示，中国 2007 年科技活动人员 454.4 万人，科技活动科学家和工程师 312.9 万人。其中，2007 年研发人员 173.6 万人，从事研发的科学家和工程师 142.3 万人，绝对数要大于发达国家。

从相对数来看，2007 年，中国每万人劳动力中研发人员人数是 22.07

人，而日本、德国的数据分别为 141 人和 120 人，中国每万人劳动力中从事研发的科学家和工程师人数是 18.48 人，而日本为 107 人。这些指标与发达国家差距较大，说明中国企业自主创新过程中科研人才十分缺乏，直接影响企业自主创新的能力。

总之，企业自主创新过程中资金短缺仍是制约其发展的"瓶颈"。尽管国家和地方政府都加大了投入力度，但力度相对较小，企业经费的来源仍然比较单一。金融机构对企业发挥的作用还比较小，其对企业自主创新的贷款绝大部分贷给了大中型企业。对于企业自主创新，无论是从企业内部投入，还是从政府和金融机构获得支持，都不足以满足企业的需要，难以充分激发企业创新的积极性，提高企业自主创新能力。

从企业自主创新投入不足的表面来看，是政府、金融机构、企业自身的投入力度小，企业从外部获取资金的环境仍然较差，如何从根源上找到不同投入主体的投资动力不足的根源，才是有效解决资金投入不足问题的有效途径，真正从源头上解决资金投入不足问题，推动企业自主创新。

尽管导致企业自主创新投入不足的原因是多方面的，但归纳起来，问题的根源在于创新过程中存在信息不对称。由于信息方面存在的障碍，再加上创新的风险高、收益不确定性以及溢出性强等特征，进一步增加了企业获得创新资金的难度。要解决企业自主创新投入不足的"瓶颈"，就应当对症下药，化解信息不对称、消除信息非均衡、信用风险和契约不完善等问题，建立风险分散与承担机制，这个机制需要政府、金融体系的支持和参与，即需要建立企业自主创新多元化资金支持模型。

第六章

企业自主创新评价指标
体系构建及测度

本章在前面定性分析基础上，运用定量分析方法，建立企业自主创新评价指标体系，并运用适当的量化分析方法，对我国自主创新工业企业尤其是制造业进行自主创新能力的评价与测度。

第一节　企业自主创新评价指标体系

一　企业自主创新评价指标选择的原则

（一）全面性和系统性

全面性是指标的设置应尽可能从不同侧面反映事物的全貌，不仅要分析过去与当前的技术创新能力，还要研究企业潜在的、未来的技术创新能力。系统性是指在设计和建立评价指标体系时，既要全面系统地反映研究对象各方面的特征，又要特别注意研究对象的层次性、指标同质和指标间的逻辑关系，努力防止评价指标体系中各指标间信息的重复；既要统筹兼顾各个方面的关系，又不能包罗万象，使评价体系过于庞杂。

（二）连续性和可比性

设计和建立评价指标体系，要注意各指标在动态变化中的连续性，使各指标不管是数据的取得，还是变化的趋势都具有连续性、可比性。这种可比性应尽量选择相对数形式的指标来构建指标体系，并尽量符合纵向可比和横向可比要求。

（三）科学性和可操作性

在设计指标体系时，要考虑企业自主创新元素及指标结构整体的合理性，从不同侧面涉及若干反映企业技术创新状况的指标，并且指标要具有可靠性、独立性、代表性和统计性。同时，在设计指标体系时，应尽可能地采用可量化的指标，利用现有的统计数据，既要有一定的现实统计基础，又要在实践中可以测量得到或通过科学方法聚合而成。

（四）敏感性和同向性

指标的选取要删除相互重复的指标，用敏感性最大的指标作为首选指标来构成指标体系。评价指标选择是从一个系统的评价角度建立的，要十分注意选择出的指标在数值表现上与其经济意义的系统评价相互匹配，即要求同向性，避免不同向指标在同一问题应用时，因方向的不同而相互抵消，混淆了事物本质特征的反映。

二　企业自主创新的内部评价指标

企业自主创新能力测度指标体系主要包括两个方面：一是企业内部指标；二是创新环境指标。企业自主创新内部评价指标体系主要包括创新动力指标、创新投入指标、创新过程指标及创新绩效指标。

（一）创新动力指标

企业自主创新动力指标主要包括企业家创新精神和企业家创新能力。

1. 企业家创新精神

在企业家创新精神上，可以选择企业家的学习时间、战略意识强度、决策方式（民主程度）及新注册企业数增长率。

2. 企业家创新能力

在企业家创新能力上，可以选择企业家的信息费用、年收入增长率、平均年龄、对员工创新的重视程度及企业家的文化程度。

（二）创新投入指标

企业自主创新投入指标主要由创新经费投入和创新人力资源投入构成。

1. 创新经费投入

在创新经费投入方面的主要测度指标有企业科技经费支出占销售收入比例、研发经费绝对数、研发经费来源构成、研发经费支出占销售收入比例（也称研发密度）、研发人员数及其占从业人员的比重、企业技术改造投资占固定资产净值的比例、与创新有关的培训支出占人力资源总成本的比例、企业市场推广费用占销售费用的比例等。

2. 创新人力资源投入

在创新人力资源投入方面的主要测度指标有企业科技人员占全部员

工的比例、企业科学家和工程师占企业员工的比例、企业管理人员平均年龄、企业科技人员报酬与员工平均报酬比例、企业员工培训比例等。

研发人员的素质和经费投入直接影响研发过程及成果,高素质的研发人员和足够的经费投入是进行自主创新必不可少的条件,是企业不断创新的基本前提,因此研发的投入对企业自主创新能力的提高具有举足轻重的作用。许多统计分析表明,研发投入量与自主创新的强度、规模和水平之间有很强的相关性。据科技部 1996 年的调查,在研发投入强度低于 0.3% 的企业,新产品销售份额低于 20%;而研发投入强度在 0.7%—1% 的企业,新产品销售份额超过 40%;当企业研发强度大于 5% 时,新产品销售份额则达到 45.6%,由此可见,研发投入强度与自主创新能力有高度的相关性。中国企业评价协会 2010 年发布的研究报告显示,中国企业研发投入强度有所提高,自主创新日益成为企业核心竞争力的重要源泉。通过分析入围 2009 年中国企业自主创新 100 强名单(工业)的企业可以得知,2009 年平均研发投入强度(即研发投入占销售收入的比重)达 4.59%,而 2008 年该数据仅为 3.8%;2009 年新产品销售收入占企业销售收入的比重为 48.73%,超过国家统计局公布的 2008 年中国制造业企业 11.62% 的全国平均水平。一般来说,按照国际通行标准,若企业的研发投入强度达到 5%,将对企业发展发挥较好的促进作用。

(三)创新过程指标

企业创新过程是从研究开发、创新设计、新产品制造到市场开拓的一系列活动。创新过程测度指标主要有职工人均专利申请数、职工人均专利拥有数、新产品开发项目数、员工人均合理化建议数、员工合理化建议采纳比例及设备技术改造率等。

(四)创新绩效指标

创新绩效是以市场实现原则测度的创新产出。从市场实现角度看,企业创新只有实现了销售收入目标和市场占有率的提高,才能成为成功的创新。因此,创新绩效测度指标主要有专利数、新产品产值率、创新产品出口额占总支出比例、劳动生产率的提高、投资收益率的提高、市场占有率的提高、人均劳动报酬增长率、单位成本降低率、技术转让收入占销售收入比例、在国外投资收益占全部利润比例、在国内其他地区投资收益占全部利润比例等。

三　企业自主创新的外部评价指标

企业自主创新的外部评价指标体系主要包括制度环境指标、人文环境指标及市场环境指标。

（一）制度环境指标

创新制度环境主要指创新活动面临的政府制定的各种政策法规总和。也可以说是政府对创新的政策支持、政府决策的透明度以及有利于创新的其他制度。具体指标有财政支出中科技经费支出比例、财政支出中教育经费支出比例、企业家对技术创新政策的满意程度、技术密度产业的产值比重、供应商的专业化程度、政府电子政务实现程度、地方政府在技术创新上税收优惠占税收收入比例、知识产权保护力度、风险资金筹集难易程度等。

（二）人文环境指标

创新的人文环境是指有利于创新的文化气氛和人员整体素质。具体指标有公众的科学素质指数、每万人口中大专以上人数、企业职工平均工资与政府公务员平均工资比例、非本地籍人才占全部人才的比例、企业员工持股的人数占全部职工比例、劳动者每年学习时间、人均公共图书馆藏书数。

（三）市场环境指标

世界各国自主创新的实践表明，自主创新离不开市场。自主创新最终实现要以市场承认为标志。在市场经济条件下，市场是自主创新存在、发展的基础和前提条件。市场环境包括市场主体多元化、金融市场健全程度、创新产品市场潜力、要素市场完善程度等。具体指标有非国有企业数比例、金融机构贷款与存款比例、人均消费水平增长率、出口增长率、垄断性产业产值占地区生产总值比例、用人单位评价的人才易得性、外来投资（包括外商投资和外地企业投资）增长率、专业批发市场销售额与社会商品零售额比例等。

另外，从三种不同创新类型看，可以分为原始创新能力评价指标体系、集成创新能力评价指标体系及引进消化吸收再创新评价指标体系，运用 SPSS 对不同企业三种创新能力评价分值的方差进行计算。

第二节　企业自主创新主要测度方法及应用思路

一　企业自主创新的主要测度方法

(一) 基于运筹学理论的测度方法

基于运筹学理论的测度方法即数据包络分析法 (DEA)。DEA 以相对效率概念为基础,用以研究具有相同类型的部门或单位间的相对有效性。DEA 是把每一个被评价单位作为一个决策单元 (DMU),通过 DMU 投入和产出比率的综合分析,确定有效生产前沿面,并根据各 DMU 与有效生产前沿面的距离状况,确定各 DMU 是否 DEA 有效,同时,还可以用投影方法指出 DMU 非 DEA 有效或弱 DEA 有效的原因及改进的方向和程度。因此,DEA 对各 DMU 的评价不依赖具体的生产函数形式,仅依靠投入指标与产出指标数据,具有"黑箱"问题研究方法的特色。

(二) 基于数理统计分析的测度方法

基于数理统计分析的测度方法主要包括主成分分析法 (PCA) 和因子分析法 (FA)。主成分分析法是一种较为实用的多元统计方法,其优点在于,能够消除指标样本间的相关关系,可以在保持样本主要信息量前提下,提取少量有代表性的主要指标进行分析测度。

因子分析法的主旨在于浓缩信息,在尽可能减少损失主要信息的前提下,避免变量间多重共线性问题,使指标体系的分析更加简单、有效。它试图用最少的可观测的所谓"公共因子"的线性函数与"特定因子"之和来描述原来观测的每一分量。这样做的目的是尽可能合理地解释存在于原始变量间的相关性,目的之一就是希望以最少的共同因素,对总变异量作最大的解释。

(三) 基于模糊数学理论的测度方法

基于模糊数学理论的测度方法的典型代表是模糊综合评价法 (FCE)。模糊综合评价是通过构造子集把反映被评价事物的模糊指标进行量化,然后利用模糊变换原理对各个指标加以综合,得出评价结论。由于社会经济问题的复杂性,有些指标难以量化,有的评价因素带有很大的模糊性,常规的多指标综合评价方法难以解决。模糊综合评价是解决此类问题的有力工具。由于依据自主创新能力强弱或者构成评价能力的每一层指标体系对企业进行分类是不确定的，一些定性指标的衡量也是不确定的。模糊综合评价法也是衡量企业自主创新能力的有效方法。

（四）基于熵的特征熵值法

熵值法是客观赋权法的一种，其基本思想是：依据熵的概念和性质，把各种指标信息量化，进而得到指标的权重系数。它是一种根据各项指标观测值所提供的信息大小来确定指标权重的方法。信息量越大，不确定性越小，熵也就越小；信息量越小，不确定性越大，熵也越大。可见，信息熵是评价指标所获系统信息有序程度和信息效用值的度量。根据熵的特性，可以通过计算熵值判断一个事件的随机性及无序程度，也可以用熵值判断某个指标的离散程度，指标的离散程度越大，该指标对综合评价的影响越大。

二　测度企业自主创新方法的应用思路

（一）DEA 应用于企业自主创新能力评价的思路

可以直接把某一企业自主创新能力系统视作 DEA 中的一个决策单元，它具有特定的输入和输出，在将输入转化成输出的过程中，努力实现系统的目标即提高企业自主创新能力（见图 6 - 1）。应用 DEA 基本原理可以评价企业自主创新能力的高低。

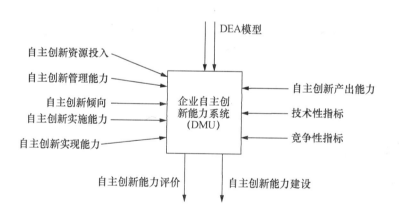

图 6 - 1　DEA 在企业自主创新能力评价中的应用思路

DEA 应用于企业自主创新能力评价的具体思路如图 6 - 2 所示。

1. 确定评价目标

DEA 的基本功能是评价，特别是进行多个同类样本间的"相对优劣性"评价。为了正确运用 DEA，得到科学合理的评价结论和有用的决策信息，必须认真分析评价的具体目标。这是建立输入输出指标体系和选择 DEA 模型的重要依据。对企业来说，自主创新能力强，意味着系统用较少的资源（有形与无形）消耗（投入）获得较大的发展。把自主创新倾向、自主创新管理能力和自主创新资源投入、自主创新实施能力、自主创新实现能力作为企业自主创新能力系统的输入，把自主创新产出能力、技术性指标和竞争性指标作为输出，这样，企业自主创新能力的 DEA "相对有效性"就可以衡量企业的自主创新能力。

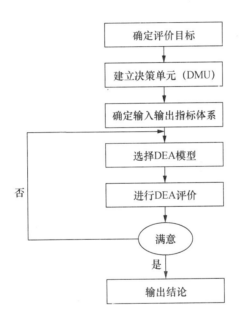

图 6-2　企业自主创新能力的评价步骤

2. 选择决策单元

选择 DMU，即决定参考集。从技术和经验上，DEA 对 DMU 个数有以下要求：一是参考集中的 DMU 应该具有 "同类性"特征；二是一般认为参考集元素的个数不少于输入输出指标总数的两倍为宜。在企业自主创新能力评价中，如果进行某一企业的纵向比较评价，可以选取不同年份或时间段作为 DMU。如果进行多个企业的横向比较，应注意各 DMU 的可比性。

3. 建立输入输出指标系统

选择输入输出指标的首要原则是反映评价目的和评价内容；其次是从

技术上避免输入（输出）集内部指标间的强线性关系；最后是考虑指标的多样性和指标可获得性等。不同指标下的 DEA 评价结果是不同的，因此，应该考虑 DEA 评价结果随着指标体系的改变而变化的情况以及所包含的有价值信息。

4. 选择 DEA 模型

DEA 模型有多种形式，在评价企业自主创新能力中应主要选择评价规模和技术有效的 C^2R 模型，也可以根据问题的实际背景和评级目标，选择其他合适的 DEA 模型，还可以应用不同的模型从不同的角度进行评价，以获得较为综合的结论。

5. 进行 DEA 评价分析

进行 DEA 评价分析包括数据的收集整理、模型求解以及 DEA 试探性分析，根据所得结论的科学性和合理性决定是否调整输入输出指标体系，重新选择模型。DEA 模型的求解可以通过运行通用的线性规划软件来实现。DEA 评价结果基础之上的实际分析是 DEA 应用中的主要环节之一，直接为决策者提供有用的信息。

6. 调整输入输出指标体系

当对 DEA 评价和分析结论不满意时，需要在不脱离评价目标前提下调整输入输出指标体系，重新求解。反复调整输入输出指标体系，进行不同的 DEA 评价分析，对比不同的结果可以观察哪些指标对 DEA 的有效性有显著影响。

7. 得出评价结论

通过 DEA 建模和求解可以得到如下信息：各 DMU 的 DEA 有效性、相对规模收益情况、相对有效生产前沿面及各 DMU 在其上的投影、各 DMU 的相对有效性与各输出（输入）指标间的关系、不同指标对 DMU 相对有效性的影响等。这些信息可以为决策提供有用的信息，制定科学的提高自主创新能力的战略和策略。通过企业自主创新能力的 DEA 评价，找出影响企业自主创新能力的阻力和制约因素，为企业自主创新能力的管理和建设提供有用的信息。[①]

（二）企业自主创新能力的模糊综合评价方法

企业自主创新能力评价是对较复杂系统的评价，需要进行二级模糊综

---

① 王宗军、夏若江、肖德云：《创新能力与技术战略》，人民出版社 2011 年版。

合评价。其评价步骤如下。

第一步，把因素（一级指标）按某种属性分成 s 个子集。

$$U = \bigcup_{i=1}^{s} u_i$$

其中，$u_i = \{u_{i1},\ u_{i2},\ \cdots,\ u_{ipi}\}$，$i = 1,\ 2,\ \cdots,\ s$（$s$ 为自主创新能力评价指标体系中一级指标的个数）。

第二步，对每一个 u_i（一级指标）进行单级模糊综合评价。设评语等级论域为：

$$V_i = \{v_1,\ v_2,\ \cdots,\ v_m\}$$

u_i 中各因素的模糊权向量为：

$$A_i = \{a_{i1},\ a_{i2},\ \cdots,\ a_{ipi}\}$$

u_i 的单因素评价结果为 R_i（p 行，m 列），单级评价模型为：

$$A_i \circ R_i = (b_{i1},\ b_{i2},\ \cdots,\ b_{im}) \stackrel{\Delta}{=} B \quad i = 1,\ 2,\ \cdots,\ s$$

第三步，将 u_i（一级指标）看作一个综合因素，用 B_i 作为它的单因素评价结果，可得到隶属关系矩阵：

$$R = \begin{bmatrix} B_1 \\ B_2 \\ B_3 \\ \vdots \\ B_s \end{bmatrix} = \begin{bmatrix} b_{11} \cdots b_{1m} \\ \ddots \\ b_{s1} \cdots b_{sm} \end{bmatrix}$$

第四步，设 u_i（一级指标）（$i = 1,\ 2,\ \cdots,\ s$）的模糊权向量为：

$$A = \{a_1,\ a_2,\ \cdots,\ a_s\}$$

则一级模糊综合评价模型为：

$$A_i \circ R_i = (b_1,\ b_2,\ \cdots,\ b_m) \stackrel{\Delta}{=} B$$

根据这个模型，就可以对一个企业的自主创新能力的强弱作出判断。

第三节　企业自主创新的测度及实证检验

一　企业自主创新的测度指标体系

构建科学合理的自主创新能力测度指标体系是评价企业自主创新能力、提升企业自主创新能力的重要前提和依据。

企业自主创新能力测度指标体系的设计要遵循系统性、客观性、动态性及实用性相结合的原则。首先，侧重于指标体系的实际运用，指标设置简明、实用；其次，以定量分析为主，强调结果导向原则，以定量指标反映定性原则。

本书设计了一个三阶层框架结构，即 2 个一级指标、3 个二级指标和 24 个三级指标构成的企业自主创新能力测度指标体系。所谓 2 个一级指标指的是企业技术创新能力指数和企业自主创新能力指数，分别对应的二级指标是企业技术创新投入能力、企业技术创新产出能力和企业创新环境与管理能力，进而可具体分解为 24 个三级指标，如表 6 - 1 所示。

表 6 - 1 　　　　　　　　　企业自主创新能力测度指标体系

一级指标（2 个）	二级指标（3 个）	三级指标（24 个）	单位
技术创新能力指数（A_1）	技术创新投入能力（B_1）	人均研发经费支出（C_1）	万元/人
		研发投入强度（C_2）	%
		研发人员素质（C_3）	%
		研发人员比例（C_4）	%
		研发折合全时工作量（C_5）	%
		研发设备净值率（C_6）	%
		研发人员人均经费（C_7）	万元/人
		技术引进消化吸收率（C_8）	%
		技术改造经费支出（C_9）	万元
		购买国内技术经费支出（C_{10}）	万元
		新产品开发经费支出（C_{11}）	万元
	技术创新产出能力（B_2）	专利拥有数（C_{12}）	项
		专利申请数（C_{13}）	项
		新产品销售收入（C_{14}）	万元
		新产品销售收入比率（C_{15}）	%
		新产品产值（C_{16}）	万元
		新产品产值率（C_{17}）	%

续表

一级指标（2 个）	二级指标（3 个）	三级指标（24 个）	单位
企业自主创新能力指数（A_2）	企业创新环境（B_3）	科技活动经费筹集额（C_{18}）	万元
		科技活动经费筹集额中政府资金（C_{19}）	万元
		技术创新中财政资金比例（C_{20}）	%
		科技活动经费筹集额中金融机构贷款（C_{21}）	万元
		技术创新中金融机构贷款比例（C_{22}）	%
		科技活动经费筹集额中企业资金（C_{23}）	万元
		技术创新中企业资金比例（C_{24}）	%

二　企业自主创新主要指标法测度：以制造业为例[①]

（一）自主创新主要指标测度

在涉及行业较多情况下，为了便于分析，本书综合考虑各种因素，选取如下 3 项指标作为标准来选择研究对象：工业总产值、年末从业人员数量和工业增加值。选取的研究对象是表 6 - 2 所示的 13 个行业。根据对这13 个行业的 3 项指标进行分项合计，其在全国工业产业中所占的比重均大于 70%，对中国工业产业结构进行了大致分析。产业结构中处于第一梯队的是电子及通信设备制造业及交通运输设备制造业等技术含量较高的行业；处于第二梯队的是石油加工及炼焦业、黑色金属冶炼及压延加工业、化学原料及化学制品制造业、电气机械及器材制造业、电力蒸汽热水的生产与供应业、石油天然气开采业等原材料工业及能源工业。以上情况表明，中国的产业结构既具有向知识经济转变的一些特征，也具有重化工业化等工业化发展高级阶段的特征。

（二）自主创新的组织保障测度

判断企业或行业是否有自主创新导向的重要指标为拥有多少稳定的科研机构。中国工业企业户均拥有科技机构数为 0.51，即每两家企业才拥有一家科技机构。然而，技术含量较高的行业，如电子及通信设备制造业和交通运输设备制造业户均拥有的科技机构数量并不高，低于石油加工及

---

① 张华胜：《中国制造业技术创新能力分析》，《中国软科学》2006 年第 4 期。

表 6 - 2   主要行业经济指标

单位：%

行业	总产值所占比重	从业人员年平均人数所占比重	工业增加值所占比重
电子及通信设备制造业	11.6	4.4	9.5
交通运输设备制造业	8.7	8.4	6.7
石油加工及炼焦业	7.9	1.9	3.3
黑色金属冶炼及压延加工业	7.3	7.4	6.5
化学原料及化学制品制造业	7.0	7.2	5.7
电气机械及器材制造业	6.2	4.5	5.2
电力蒸汽热水的生产与供应业	5.9	4.0	10.2
石油天然气开采业	5.6	3.4	11.6
纺织业	3.8	6.3	3.3
普通机械制造业	3.5	5.9	3.3
医药制造业	3.1	2.7	3.6
专用设备制造业	3.0	4.8	2.5
煤炭采选业	1.8	9.9	2.6
合计	75.4	70.7	74.0

炼焦业、黑色金属冶炼及压延加工业、化学原料及化学制品制造业、石油和天然气开采业等原材料及能源开采和加工业。电子通信、交通设备制造业均属市场与技术变化快的行业。这类行业中的企业如果没有一个稳定的科研机构，很难取得技术主导，进而获得核心竞争优势。相对而言，石油加工及炼焦业、黑色金属冶炼及压延加工业、化学原料及化学制品制造业、石油和天然气开采业等原材料及能源开采和加工业拥有的科技机构数量较多，这与该类企业大多规模较大，国家重点扶持有关。

企业自主创新除了需要有稳定的科技机构外，还应有一定数量的研发任务及相应的研发资金。调查显示，中国工业企业的科研机构 85% 经常有任务，79% 能够获得稳定的经费来源，这些情况表明，企业科研机构仍有进一步加强建设的空间，部分企业还存在科研机构虚设及科研任务不饱满状况。

表 6 - 3　　　　　　　　　行业科研机构情况

行业	户均科技机构数	经常有科研任务的机构比重（%）	有稳定经费来源的科研机构比重（%）
电子及通信设备制造业	0.54	85	77
交通运输设备制造业	0.55	86	80
石油加工及炼焦业	0.77	91	86
黑色金属冶炼及压延加工业	0.58	82	80
化学原料及化学制品制造业	0.53	82	79
电气机械及器材制造业	0.47	87	78
电力蒸汽热水的生产与供应业	0.33	75	81
石油天然气开采业	0.33	95	93
纺织业	0.40	81	77
普通机械制造业	0.46	86	77
医药制造业	0.66	88	84
专用设备制造业	0.48	84	75
煤炭采选业	0.56	83	86
合计	0.51	85	81

（三）自主创新的技术基础测度

企业自主创新的技术基础主要包括高端设备与科研人员两个方面。

在制造业中，微电子控制设备的广泛应用能大大提高生产效率，在生产设备中比重在一定程度上反映了企业技术装备水平。表 6 - 4 显示，中国工业企业全行业微电子控制设备占生产经营设备的比重已达 10.27%，其中，电子及通信设备制造业中微电子设备在生产设备中所占比重最高为32.18%，其次为电气机械及器材制造业达到 19.30%。

表 6 - 4　　　　　　　微电子设备占生产经营用设备比重

单位:%

行业	微电子设备占生产经营用设备比重
电子及通信设备制造业	32.18
交通运输设备制造业	11.73
石油加工及炼焦业	9.36
黑色金属冶炼及压延加工业	7.06

续表

行业	微电子设备占生产经营用设备比重
化学原料及化学制品制造业	9.75
电气机械及器材制造业	19.30
电力蒸汽热水的生产与供应业	7.09
石油天然气开采业	3.03
纺织业	15.70
普通机械制造业	11.60
医药制造业	12.46
专用设备制造业	9.89
煤炭采选业	2.89
全行业平均	10.27

工程技术人员作为企业知识技术的载体，在企业职工中的比重反映了企业整体技术水平的高低。表 6-5 显示，从中国工业企业整体来看，工程技术人员的比重已达到 11.84%。电力、石油等垄断性行业工程技术人员的比重较高，分别达到 22.23% 和 16.51%。电子通信和医药制造业等高技术产业的工程技术人员的比重也分别达到了 19.52% 和 18.40%。

表 6-5　　　　　　　工程技术人员占员工比重和报酬情况

行业	工程技术人员占员工比重（%）	从业人员人均报酬（万元）
电子及通信设备制造业	19.52	1.61
交通运输设备制造业	12.35	1.14
石油加工及炼焦业	14.53	1.63
黑色金属冶炼及压延加工业	10.73	1.31
化学原料及化学制品制造业	13.70	1.01
电气机械及器材制造业	13.61	1.07
电力蒸汽热水的生产与供应业	22.23	1.51
石油天然气开采业	16.51	1.76
纺织业	5.81	0.76
普通机械制造业	11.92	0.93
医药制造业	18.40	1.17

续表

行业	工程技术人员占员工比重（%）	从业人员人均报酬（万元）
专用设备制造业	12.64	0.85
煤炭采选业	6.01	0.77
全国	11.84	1.06

（四）自主创新的政策环境测度

促进企业自主创新的政策环境测度较多，这里只以政府减免税和企业自主创新融资为例。

1. 政府的减免税是对企业自主创新的激励

如表6-6所示，普通机械制造业及专用设备制造业这两个行业所享受的政府对自主创新活动的减免税最多，其次是纺织业、石油开采业和煤炭采选业。这说明中国税收优惠政策还多用于传统行业和能源开采业，而对技术含量高的行业支持力度不够。

表6-6　　　　　　　　政府对自主创新活动减免税

单位：万元

行业	政府对自主创新活动减免税
电子及通信设备制造业	1238
交通运输设备制造业	0
石油加工及炼焦业	0
黑色金属冶炼及压延加工业	174
化学原料及化学制品制造业	141
电气机械及器材制造业	0
电力蒸汽热水的生产与供应业	409
石油天然气开采业	2236
纺织业	3484
普通机械制造业	6136
医药制造业	26
专用设备制造业	7549
煤炭采选业	1796
全行业平均	296

2. 企业自主创新的融资状况对自主创新有重要影响

表6-7显示，在自主创新活动经费来源中，来自企业自有资金比重最高，平均达到77.3%；其次是金融机构的贷款，平均达到12.3%；政府资金排在第3位，平均为5.7%；而来自事业单位的资金比重最低，平均仅为0.5%。上述情况表明，建立以企业为主体、产学研结合的自主创新体系仍存在很大问题：一是企业自主创新活动主要依赖于自有资金。企业搞技术创新，特别是科学研究投入大、风险也大，完全依靠企业自身，难以取得跨越发展。因此，要建立风险投资基金，提高金融资本对企业自主创新活动的介入程度是必要的。二是在传统科技体制下，中国的事业单位，如高校、科研院所的科技力量很强，但是，由于长期以来产学研的合作机制的问题，产学研各自封闭，没有形成科研大协作局面。

表6-7　　　自主创新活动经费来源占自主创新活动经费总额的比重

单位：%

行业	企业资金比重	金融机构贷款比重	政府资金比重	事业单位比重	国外资金比重	其他资金比重
电子及通信设备制造业	80.6	9.1	3.9	0.4	2.9	3.2
交通运输设备制造业	73.0	8.1	13.2	0.1	0.7	4.8
石油加工及炼焦业	75.6	14.6	3.1	0.2	0.0	6.5
黑色金属冶炼及压延加工业	90.1	6.0	3.2	0.1	0.0	0.6
化学原料及化学制品制造业	67.2	20.5	5.8	1.4	2.1	3.0
电气机械及器材制造业	80.7	12.7	3.1	0.2	1.0	2.2
电力蒸汽热水的生产与供应业	81.1	11.5	1.7	0.1	0.0	5.6
石油天然气开采业	89.1	1.6	1.7	0.3	0.0	7.3
纺织业	77.0	15.1	5.3	0.3	0.3	2.0
普通机械制造业	78.7	10.2	7.8	0.1	0.7	2.5
医药制造业	74.1	16.5	6.1	0.2	1.3	1.8
专用设备制造业	74.7	15.8	6.4	0.2	0.2	2.8
煤炭采选业	76.7	13.2	7.3	0.7	0.0	2.1
全行业平均	77.3	12.3	5.7	0.5	1.2	3.1

（五）企业研发投入测度

这里从政府投入在研发经费中所占比重、企业内部投入占销售收入比重和企业用于研发的人员占从业人员比重三个方面，对企业研发投入加以分析。

1. 政府资金投入在研发经费中所占比重

政府用于企业研发活动的资金是通过一定项目投入的，用于支持企业自主创新的资金。表6－8显示，全国工业中有11.48%的研发经费由政府提供。其中，电力行业的研发经费中政府投入资金所占比重最大，达到22.23%；电子及通信设备制造业的研发经费中政府投入资金比重为19.52%；医药制造业的研发经费中政府投入资金比重为18.40%。在研发经费中，政府支持最少的行业是纺织业，仅为5.81%。政府对工业各行业的研发经费的投入多少，反映了国家的行业政策。

表6－8　　　　　　　　　　政府资金在研发经费中所占比重

单位:%

行业	政府资金在研发经费中所占比重
电子及通信设备制造业	19.52
交通运输设备制造业	12.35
石油加工及炼焦业	14.53
黑色金属冶炼及压延加工业	10.73
化学原料及化学制品制造业	13.70
电气机械及器材制造业	13.61
电力蒸汽热水的生产与供应业	22.23
石油天然气开采业	16.51
纺织业	5.81
普通机械制造业	11.92
医药制造业	18.40
专用设备制造业	12.64
煤炭采选业	6.01
全国	11.84

2. 企业内部用于研发的投入占销售收入比重

表6－9显示，从整体来看，研发经费占销售收入比重达到1.03%，而且研发经费中，企业投入强度的大小与企业技术含量成正比。如电子及通信设备制造业的研发经费强度指标最高达到1.99%。

表 6 – 9   研发经费内部支出占销售收入比重

单位:%

行业	研发经费内部支出占销售收入比重
电子及通信设备制造业	1.99
交通运输设备制造业	1.21
石油加工及炼焦业	0.31
黑色金属冶炼及压延加工业	0.60
化学原料及化学制品制造业	1.20
电气机械及器材制造业	1.51
电力蒸汽热水的生产与供应业	0.30
石油天然气开采业	0.55
纺织业	0.62
普通机械制造业	1.76
医药制造业	1.67
专用设备制造业	1.74
煤炭采选业	0.92
全国	1.03

3. 企业研发人力资源投入占整个从业人员比重

企业自主创新不仅需要多元资金的扶持，还需要有科学技术工程人员的参与。表 6 – 10 显示，全国工业全行业研发人员占企业职工比重并不高，仅为 2.68%。而研发人力资源的投入多少与行业的技术含量呈正相关。如技术含量高的行业电子及通信设备制造业研发人员占从业职工比重为 7.27%，而技术含量较低的行业煤炭采选业研发人员占从业职工比重仅为 0.67%。

表 6 – 10   研发人员占从业人员比重

单位:%

行业	研发人员占从业人员比重
电子及通信设备制造业	7.27
交通运输设备制造业	4.48
石油加工及炼焦业	2.25
黑色金属冶炼及压延加工业	1.56

续表

行业	研发人员占从业人员比重
化学原料及化学制品制造业	2.77
电气机械及器材制造业	3.96
电力蒸汽热水的生产与供应业	2.11
石油天然气开采业	2.74
纺织业	1.22
普通机械制造业	3.67
医药制造业	4.13
专用设备制造业	3.43
煤炭采选业	0.67
全国	2.68

（六）企业创新产出的测度

企业创新产出的测度主要通过新产品产出与企业拥有专利数量来说明。

表6-11　新产品产出对企业经济指标的贡献率及企业拥有专利数量

行业	新产品在工业产值中的比重（%）	销售收入中新产品比重（%）	利润中新产品比重（%）	企业户均拥有专利数（项/户）
电子及通信设备制造业	51.60	49.69	33.96	40.63
交通运输设备制造业	0.56	37.78	28.23	0.34
石油加工及炼焦业	6.38	7.81	12.32	4.81
黑色金属冶炼及压延加工业	12.12	11.71	6.32	1.64
化学原料及化学制品制造业	13.87	13.84	13.33	0.31
电气机械及器材制造业	35.41	36.28	30.17	0.65
电力蒸汽热水的生产与供应业	0.64	0.28	0.23	0.16
石油天然气开采业	0.61	0.58	0.16	3.91
纺织业	17.41	17.44	17.26	0.08
普通机械制造业	27.36	27.25	20.14	0.43
医药制造业	17.88	15.57	17.39	0.43
专用设备制造业	27.63	27.11	20.46	0.63
煤炭采选业	2.70	2.55	1.42	0.91
全国	20.66	19.72	13.28	0.47

新产品产值占工业总产值比重和新产品销售收入占产品销售收入比重两项指标，可以作为衡量企业自主创新产出的重要指标。表 6 - 11 显示，从全行业的情况来看，新产品产值占工业总产值的比重和新产品销售收入占总销售收入比重分别为 20.66% 和 19.72%。而具体到不同类型的企业，则是越是技术复杂、市场竞争激烈的产业，新产品对工业产值和销售收入的贡献率越大。如电子及通信设备制造业新产品在工业产值中的比重达到 51.60%，销售收入中新产品比重为 49.69%。

利润中新产品利润所占比重反映企业技术创新对企业利润的贡献。表 6 - 11 显示，全行业新产品对企业盈利的贡献率还比较小，平均仅为 13.28%。其中，在技术含量较高的竞争激烈的企业，新产品对利润的贡献率较高。如电子及通信设备制造业利润中新产品所占比重达到 33.96%。

企业拥有的专利数是衡量企业自主创新主要指标之一。从表 6 - 11 可知，中国工业企业户均拥有的专利数太少，全国平均每户拥有的专利数只有 0.47 项。而一些技术密集型企业，如电气机械及器材制造业等企业户均拥有的专利数也不到 1 项。这种状况说明，中国企业自主创新能力还十分薄弱。

三　运用因子分析法测度企业自主创新：以大中型工业企业为例

本书利用国家统计局公布的 2006 年全国大中型工业企业自主创新统计资料（包括企业自主创新的投入、产出等基本信息），通过因子分析方法，综合评价中国不同区域工业企业自主创新发展情况。中国各省市大中型工业企业自主创新投入产出的综合评价如下：

（一）综合评价的基本模型

本书采用因子分析综合评价法，它是多元统计分析的一个重要分支，其主要目的是浓缩数据，通过对诸多变量的相关性分析，用假想的少数几个变量来代替原来所有变量的主要信息。因子分析的计算过程可以简单描述如下：

设有 n 个指标 X_1，X_2，$\cdots$，X_n，且每个指标都已经标准化，即每个指标的样本均值为 0，方差为 1，并规定模型具有如下假设：

（1）设 $X = (x_1, x_2, \cdots, x_p)^T$ 是可观测的随机变量，均值和协方差矩阵分别如下：$E(X) = 0, \mathrm{cov}(X) = \sum$，且协方差矩阵 $\sum$ 与相关矩阵 R 相等。

（2）设 $F = (F_1, F_2, \cdots, F_m)^T$ 是不可观测的向量 $(m < p)$，其均值和协方差分别为 $E(F) = 0$, cov $(F) = 1$，向量的各个分量是互相独立的。

（3）设 $\varepsilon = (\varepsilon_1, \varepsilon_2, \cdots, \varepsilon_p)^T$ 与 F 互相独立，且 $E(\varepsilon) = 0$，ε 的

协方差矩阵 $\sum$ 是对角阵，即 $\mathrm{cov}(\varepsilon) = \sum = \begin{bmatrix} a_{11}^2 & 0 \\ & \ddots \\ 0 & a_{11}^2 \end{bmatrix}$，表明各个分量之

间也是互相独立的。

根据上述假设，构建 R 型因子分析数学模型如下：

$$X = \begin{cases} x_1 = a_{11}F_1 + a_{12}F_2 + \cdots + a_{1m}F_m + \varepsilon_1 \\ x_2 = a_{21}F_1 + a_{22}F_2 + \cdots + a_{2m}F_m + \varepsilon_2 \\ \vdots \\ x_p = a_{p1}F_1 + a_{p2}F_2 + \cdots + a_{pm}F_m + \varepsilon_p \end{cases} \tag{6.1}$$

即：

$$\begin{bmatrix} x_1 \\ x_p \end{bmatrix} = \begin{bmatrix} a_{11} \cdots a_{1m} \\ \vdots \quad \vdots \\ a_{p2} \cdots a_{pm} \end{bmatrix} \begin{bmatrix} F_1 \\ \vdots \\ F_2 \end{bmatrix} + \begin{bmatrix} \varepsilon_1 \\ \vdots \\ \varepsilon_p \end{bmatrix}$$

简记为：$\underset{(p \times 1)}{X} = \underset{(p \times m)}{A} \underset{(m \times 1)}{F} + \underset{(p \times 1)}{\varepsilon}$

习惯上把（6.1）式称为因子模型，其中，F_1, F_2, $\cdots$, F_m 是在各个原观测变量表达式中共同出现的因子，故称为公共因子（也称为主因子），它们是相互独立的不可观测的理论变量，也就是研究要得出的主要结论。a_{ij} 为因子荷载，是第 i 个变量在第 j 个主因子上的荷载，也就是第 i 个变量与第 j 个因子的相关系数。$|a_{ij}|(|a_{ij}| \leqslant 1)$ 越大，说明第 i 个变量与第 j 个因子的关系越密切；反之则越疏远。[1]

（二）中国各省市大中型企业自主创新投入因子分析[2]

在此，选择以下指标作为中国不同省份大中型工业企业自主创新的投入：引进国外技术支出、消化吸收经费支出、购买国内技术支出、各地区企业开展研发项目研究情况、各地区企业的研发人员、研发经费的投入。进而对以下指标进行两个层面的处理：一是用各省份的自主创新投入数据

---

① 吴忠才:《区域自主创新能力与评价体系》,《吉首大学学报》（自然科学版）2007 年第 6 期。

② 杨晔:《我国各省市企业自主创新能力的综合评价》,《财经研究》2008 年第 6 期。

除以全国的总量数据，得出不同省份企业技术创新投入占全国的份额；二是用每个省份的投入数据除以该省大中型工业企业总量，获取每个企业平均技术创新投入数量。经过两个层面的数据处理，得到反映企业自主创新投入的相对比重，也得到反映单体企业技术创新额的绝对数量。由此得出12 个分项指标，即企业引进国外技术支出/全国总支出（X_1）、企业引进国外技术支出/该省企业总量（X_2）、企业消化吸收经费支出/全国总支出（X_3）、企业消化吸收经费支出/该省企业总量（X_4）、企业购买国内技术支出/全国总支出（X_5）、企业购买国内技术支出/该省企业总量（X_6）、各省企业研发项目/全国研发总项目（X_7）、各省企业研发项目/该省企业总量（X_8）、各省企业研发人员/全国研发总人员（X_9）、各省企业研发人员/该省企业总量（X_{10}）、各省企业研发人员经费/全国总支出（X_{11}）和各省企业研发人员经费/该省企业总量（X_{12}）。进而采用Z−Score 方法对上述 12 个定量指标数据进行标准化无量纲处理，将指标实际值转化为评价值。依据这 12 个细分计算指标，按照因子分析的步骤，对全国 30 个省份的技术创新投入状况进行实证评价。

利用 SPSS 软件进行计算。相关系数矩阵 R 的特征根及相应特征向量显示，前 4 个因子的特征根 >1，且累计方差贡献率已达到 90.64%，因此主因子个数 $m = 4$，并对初始因子载荷矩阵做方差最大正交旋转，计算结果如表 6 - 12 所示。

表 6 - 12　　　　　　　　旋转后四个因子的负载

指标	F_1	F_2	F_3	F_4
引进国外技术支出/全国（X_1）	0.632	0.7	− 0.094	0.115
引进国外技术支出/企业总量（X_2）	0.762	0.357	− 0.259	0.372
消化吸收经费支出/全国（X_3）	0.934	− 0.076	− 0.018	0.291
消化吸收经费支出/企业总量（X_4）	− 0.013	0.9	0.209	0.256
购买国内技术支出/全国（X_5）	0.126	0.444	0.054	0.852
购买国内技术支出/企业总量（X_6）	0.081	− 0.129	0.432	0.852
企业研发项目/全国（X_7）	0.926	0.102	0.2	0.036
企业研发项目/企业总量（X_8）	0.977	0.08	0.093	− 0.042
企业研发人员/全国（X_9）	0.936	0.246	− 0.102	− 0.111
企业研发人员/企业总量（X_{10}）	− 0.058	0.102	0.797	0.201
企业研发人员经费/总支出（X_{11}）	0.033	0.168	0.892	0.106

续表

指标	F_1	F_2	F_3	F_4
企业研发人员经费/企业总量（X_{12}）	0.321	0.742	0.489	−0.192
特征值	5.494	2.633	1.451	1.299
贡献率（%）	45.78	21.95	12.09	10.83
累计贡献率（%）	45.78	67.73	79.82	90.64

从表 6-12 可以看出，第一个主因子 F_1 在 X_1、X_2、X_3、X_7、X_8、X_9 上的载荷因子远远大于其他指标的载荷；第二个主因子 F_2 在指标 X_4 上的因子载荷远远大于其他指标；第三个主因子 F_3 在 X_{10}、X_{11}、X_{12} 上的载荷因子远远大于其他指标的载荷；第四个主因子 F_4 在 X_5、X_6 上的载荷因子远远大于其他指标的载荷。这几个因子从利润创造和资产管理水平不同角度反映了产业宏观经济效益情况，用它们来考核企业自主创新投入情况具有 90.64% 的可靠性。根据计算因子值的系数矩阵，结合数据矩阵，可以计算出四个因子的评价指标，最后根据四个因子的方差贡献率进行线性加权求和便可以得到综合评价值。最后得出 2012 年全国 30 个省份大中型工业企业技术创新投入的综合情况评价，结果如表 6-13 所示。

表 6-13　　　　2012 年全国不同省市大中型工业企业技术创新投入综合评价

地区	F	F_1	F_2	F_3	F_4	排序
北京	0.284	−0.458	2.920	1.400	−1.762	8
天津	−0.165	−0.577	1.203	0.036	−0.686	16
河北	0.013	0.164	−0.312	−0.409	0.105	14
山西	−0.319	−0.308	−0.445	−0.295	−0.089	19
内蒙古	−0.647	−0.777	−0.418	−0.598	−0.226	26
辽宁	0.589	0.538	1.138	1.556	−1.608	5
吉林	−0.518	−0.821	0.539	−0.574	−0.809	21
黑龙江	0.400	0.285	−0.732	3.457	1.076	7
上海	0.956	0.705	2.655	−1.211	0.821	4
江苏	1.823	2.821	0.321	−0.421	0.003	1
浙江	0.441	0.985	−0.455	−0.846	−0.264	6
安徽	−0.262	−0.469	0.345	−0.650	0.255	18

续表

地区	F	F_1	F_2	F_3	F_4	排序
福建	-0.168	-0.064	-0.399	-0.392	-0.167	17
江西	-0.149	-0.341	-0.471	0.949	1.154	15
山东	1.300	2.415	-1.071	0.231	-0.433	3
河南	0.129	0.334	-0.441	0.089	-0.074	11
湖北	0.096	0.120	-0.281	0.369	0.636	13
湖南	-0.365	-0.504	0.058	-0.345	-0.375	20
广东	1.350	2.283	0.074	-1.170	-0.235	2
广西	-0.595	-0.643	-0.600	-0.678	-0.069	23
海南	-0.864	-0.941	-0.612	-1.448	-0.236	30
重庆	0.233	-0.583	1.683	-0.411	3.931	9
四川	0.155	0.448	-1.027	0.504	0.544	10
贵州	-0.640	-0.71	-0.549	-0.379	-0.517	24
云南	-0.646	-0.614	-1.060	-0.723	0.335	25
陕西	0.126	-0.006	-0.201	1.542	0.559	12
甘肃	-0.547	-0.719	-0.460	0.109	-0.049	22
青海	-0.687	-0.855	-0.192	-0.246	-1.134	29
宁夏	-0.673	-0.921	-0.396	0.219	-0.326	28
新疆	-0.649	-0.761	-0.811	0.336	-0.35	27

依据表6-13中的综合评价值（F值），根据一定间距对全国30个省份技术创新投入进行排序，并分为五个类型且其F值越高的省市表示该地区技术创新投入越大（见表6-14）。江苏、广东和山东等属于高投入的省市，而贵州、云南等属于低投入的省市。

表6-14 全国不同省市大中型工业企业技术创新投入状况的分类

类别	综合科技进步水平指数（F）	包括的地区
第一类	$F>1$	江苏、广东、山东
第二类	$0.2<F<1$	上海、辽宁、浙江、黑龙江、北京、重庆
第三类	$0<F<0.2$	四川、河南、陕西、湖北、河北
第四类	$-0.6<F<-0.1$	江西、天津、福建、安徽、山西、湖南、吉林、甘肃、广西
第五类	$-0.9<F<-0.6$	贵州、云南、内蒙古、新疆、宁夏、青海、海南

（三）中国各省市大中型企业自主创新产出评价

自主创新产出主要可以通过以下两个方面进行衡量：其一，企业专利、发明申请数量、拥有数量。这一方面可以视为企业研发最为直观的产出。其二，企业新产品的经营状况。企业研发的根本目的在于运用专利技术，或者将外面获得的创新技术投入企业生产，推动企业新产品的开发、销售。

因此，选择以下指标作为中国不同省份大中型工业企业自主创新的产出：专利申请量、发明专利申请量、发明专利拥有量、新产品产值、新产品销售收入、新产品出口产值。将上述指标细化整理为专利申请量/全国总量（Y_1）、企业发明专利申请量/全国总量（Y_2）、发明申请量/专利申请总量（Y_3）、企业发明专利拥有量/全国总量（Y_4）、新产品产值/全国总产值（Y_5）、新产品销售值/全国销售总值（Y_6）、新产品出口值/全国出口总值（Y_7）、专利申请量/该省企业总量（Y_8）、发明拥有量/该省企业总量（Y_9）、新产品产值/该省企业总量（Y_{10}）、新产品销售值/该省企业总量（Y_{11}）和新产品出口值/该省企业总量（Y_{12}）。

采用 Z - Score 方法对上述 12 个定量指标数据进行标准化无量纲处理，并用 SPSS 软件进行计算。相关系数矩阵 R 的特征根及相应特征向量显示，前 2 个因子的特征根 >1，且累计方差贡献率已达到 79.26%，因此主因子个数 $m = 2$，并对初始因子载荷矩阵做方差最大正交旋转，计算结果如表 6 - 15 所示。

表 6 - 15　　　　　　　　　　因子分析计算结果

指标	F_1	F_2
专利申请量/全国总量（Y_1）	0.963	0.162
企业发明专利申请量/全国总量（Y_2）	0.825	0.464
发明申请量/专利申请总量（Y_3）	0.063	0.704
企业发明专利拥有量/全国总量（Y_4）	0.909	0.011
新产品产值/全国总产值（Y_5）	0.945	0.22
新产品销售值/全国销售总值（Y_6）	0.946	0.222
新产品出口值/全国出口总值（Y_7）	0.908	0.343
专利申请量/该省企业总量（Y_8）	0.248	0.728
发明拥有量/该省企业总量（Y_9）	0.004	0.492
新产品产值/该省企业总量（Y_{10}）	0.3	0.91

续表

指标	F_1	F_2
新产品销售值/该省企业总量（Y_{11}）	0.293	0.894
新产品出口值/该省企业总量（Y_{12}）	0.333	0.873
特征值	7.174	2.337
贡献率（%）	59.79	19.47
累计贡献率（%）	59.79	79.26

从表 6 – 15 可以看出，第一个主因子 F_1 在 Y_1、Y_2、Y_4、Y_5、Y_6、Y_7 上的载荷因子远远大于 F_2 的载荷；第二个主因子 F_2 在 Y_3、Y_8、Y_9、Y_{10}、Y_{11}、Y_{12} 指标上的因子载荷远远大于 F_1。这两个因子从利润创造和资产管理水平的不同角度反映了产业宏观经济效益情况，用它们来考核企业自主创新产出情况具有接近 80% 的可靠性。

同样，依据公式，得出 2012 年全国 30 个省份大中型工业企业技术创新成果的综合情况评价，结果如表 6 – 16 所示。

表 6 – 16　　　　2012 年全国不同省市大中型工业企业技术创新产出综合评价

地区	F	F_1	F_2	排序
北京	0.258	– 0.279	1.906	7
天津	1.143	0.121	4.280	4
河北	– 0.297	– 0.217	– 0.541	15
山西	– 0.347	– 0.383	– 0.238	17
内蒙古	– 0.450	– 0.505	– 0.281	20
辽宁	– 0.045	– 0.065	0.015	10
吉林	– 0.502	– 0.480	– 0.568	22
黑龙江	– 0.387	– 0.506	– 0.022	18
上海	1.404	1.404	1.403	2
江苏	1.227	1.809	– 0.559	3
浙江	0.979	1.481	– 0.559	6
安徽	– 0.332	– 0.345	– 0.291	16
福建	0.074	0.058	0.123	8
江西	– 0.523	– 0.626	– 0.207	23
山东	1.056	1.598	– 0.607	5
河南	– 0.196	– 0.069	– 0.587	12

续表

地区	F	F_1	F_2	排序
湖北	-0.282	-0.348	-0.080	14
湖南	-0.187	-0.358	0.337	11
广东	2.662	3.682	-0.469	1
广西	-0.442	-0.436	-0.459	19
海南	-0.589	-0.881	0.309	28
重庆	-0.019	-0.240	0.662	9
四川	-0.197	-0.168	-0.284	13
贵州	-0.569	-0.596	-0.487	24
云南	-0.570	-0.570	-0.570	25
陕西	-0.461	-0.516	-0.291	21
甘肃	-0.583	-0.713	-0.187	27
青海	-0.646	-0.661	-0.599	30
宁夏	-0.607	-0.634	-0.523	29
新疆	-0.571	-0.553	-0.625	26

进一步可以依据表 6-16 中的综合评价值（F 值），根据一定间距，对全国 30 个省份技术创新产出进行排序，并分为五个类型，F 值越高地区表示技术创新带来的产出越大（见表 6-17）。属于高产出的省市如广东和上海，属于低产出的省份有江西和贵州。

表 6-17　全国不同省市大中型工业企业技术创新产出状况的分类

类别	综合科技进步水平指数（F）	包括的地区
第一类	$F > 1$	广东、上海、江苏、天津、山东
第二类	$0 < F < 1$	浙江、北京、福建
第三类	$-0.3 < F < 0$	重庆、辽宁、湖南、河南、四川、湖北、河北
第四类	$-0.5 < F < -0.3$	安徽、山西、黑龙江、广西、陕西、吉林、内蒙古
第五类	$-0.7 < F < -0.5$	江西、贵州、云南、新疆、甘肃、海南、宁夏、青海

（四）中国各省市大中型企业自主创新效率的综合评价

根据中国 30 个省份大中型工业企业自主创新投入、产出因子分析综合指数和排序状况，可以进一步分析不同省份企业自主创新效率状况。

1. 企业自主创新投入产出排序对比的整体状况

由于缺乏时间序列的数据，难以真正考量企业自主创新投入产出之间的定量关系。只能通过对一定时间点上企业自主创新投入、产出排序位置的变化来对比不同省份企业自主创新的状况，即与投入排序相比，如果企业自主创新产出评价排序上升，就意味着这一省份的自主创新是有效率的；反之则意味着企业技术创新缺乏效率。当然，这一分析只能评价静态效率，不能评价不同省份技术创新的动态效率。

从排序变化情况看，在评价的 30 个省份中，共计 12 个省份自主创新的产出排名超过投入排名，显示这些省份企业的自主创新效率较高；4 个省份的自主创新投入产出排名没有变化；另有 14 个省份的创新投入排名小于创新产出的排名，说明这些省份企业的创新投入产出是缺乏效率的，如表 6 - 18 所示。

表 6 - 18　　　　　　　各省市大中型工业企业创新投入产出变化

项目	省份总量	含义	对应的省份及创新排名变化情况
产出排名 > 投入排名	12	技术创新效率较高	天津（12）福建（9） 湖南（9）内蒙古（6） 广西（4）上海（2） 安徽（2）山西（2） 海南（2）广东（1） 北京（1）新疆（1）
产出排名 = 投入排名	4	技术创新效率持平	浙江、重庆 贵州、云南
产出排名 < 投入排名	14	技术创新效率较低	河南（-1）湖北（-1） 河北（-1）吉林（-1） 宁夏（-1）青海（-1） 江苏（-2）山东（-2） 四川（-3）辽宁（-5） 甘肃（-5）江西（-8） 陕西（-9）黑龙江（-11）

说明：表中括号内的数字 = 每个省份创新产出排名 - 投入排名，即产出排名领先投入排名的位数，负数则为滞后的位数。例如，天津（12）表示，相对于投入在全国的排名，天津技术创新产出排名改进提升了 12 位。

2. 企业自主创新绩效的四维矩阵

根据企业自主创新投入、产出相应排序名次变化，可以构建出不同省份企业创新绩效的四维矩阵，具体分为"高投入—高产出"、"高投入—低产出"、"低投入—高产出"和"低投入—低产出"。

依据上述各表的排序数列，可以整理出：

第一，企业自主创新"高投入—高产出"省份。这一类总计有 3 个省份，广东投入排序 2，产出排序 1；上海投入排序 4，产出排序 2；北京投入排序 8，产出排序 7。

第二，企业自主创新"高投入—低产出"省份。这一类总计有 9 个省份，江苏投入排序 1，产出排序 3；山东投入排序 3，产出排序 5；湖北投入排序 13，产出排序 14；浙江投入排序 6，产出排序 6；重庆投入排序 9，产出排序 9；四川投入排序 10，产出排序 13；辽宁投入排序 5，产出排序 10；黑龙江投入排序 7，产出排序 18；陕西投入排序 12，产出排序 21。

第三，企业自主创新"低投入—高产出"的省份。这一类总计有 9 个省份，天津投入排序 16，产出排序 4；福建投入排序 17，产出排序 8；湖南投入排序 20，产出排序 11；山西投入排序 19，产出排序 17；海南投入排序 30，产出 28；新疆投入排序 27，产出排序 26；内蒙古投入排序 26，产出排序 20；广西投入排序 23，产出排序 19；安徽投入排序 18，产出排序 16。

第四，企业自主创新"低投入—更低产出"的省份。这一类总计有 9 个省份，贵州投入排序 24，产出排序 24；云南投入排序 25，产出排序 25；河南投入排序 11，产出排序 12；河北投入排序 14，产出排序 15；吉林投入排序 21，产出排序 22；宁夏投入排序 28，产出排序 29；青海投入排序 29，产出排序 30；甘肃投入排序 22，产出排序 27；江西投入排序 15，产出排序 23。

根据以上分析可以得出中国企业自主创新绩效提升的基本思路。首先是采取措施，实现更多的低投入高产出；其次是实现高投入高产出；最大限度地减少高投入低产出以及低投入低产出的状况。

四　运用因子分析法测度企业自主创新：以辽宁工业企业为例[①]

企业自主创新能力是指企业通过有效运用内外创新资源，建立新的技

---

① 孙晓华等：《因子分析法在企业自主创新能力评价中的应用》，《科技管理研究》2008 年第 6 期。

术平台或改变核心技术，取得自主知识产权，使企业不断增强核心竞争力从而获得持续竞争优势，在技术创新过程中所表现出来的各种能力的有机综合。企业自主创新能力由多种能力组成，涉及企业经营活动的多个方面和活动过程的多个环节。从技术创新内容来看，可分为产品创新能力和工艺创新能力；从技术创新投入产出角度看，可分为资源投入能力、创新实施能力、创新产出能力等。

（一）评价指标体系的构建

本书借鉴国家统计局2012年发布的《中国企业自主创新能力分析报告》，参照《企业技术中心认定与评价办法》和《企业技术中心评价指标体系》，将企业自主创新能力划分为三类一级评价指标，即创新资源、创新活动和创新产出三个评价指标。

创新资源指标关注企业客观经营状况包括人力资源存量和经济资源存量，前者主要是指企业从业人员的技术创新素质，后者是指企业的技术装备水平。创新活动指标包括与技术创新有关的企业研发、技术改造、技术引进及技术推广等活动，可用企业在技术创新活动各个环节的经费投入、人力投入加以测度。创新产出指标反映各种要素组合产生的实际成效，是评价企业自主创新能力最直接的指标，主要从研发专利数、研发获奖情况、研发项目数和新产品收益四方面进行测度（见表6-19）。

表6-19　　　　　　　　企业技术创新能力评价指标体系

一级指标	二级指标
创新资源评价指标	技术开发人员数（X_1）
	工业总产值（X_2）
	产品销售收入（X_3）
	资产总额（X_4）
	营业收入（X_5）
创新活动评价指标	研发经费（X_6）
	科研仪器设备净值（X_7）
	当年来企业外国专家人次（X_8）
	当年来企业国内专家人次（X_9）
	外国专家来企业累积工作时间（X_{10}）
	国内专家来企业累积工作时间（X_{11}）
	研发人员年平均收入（X_{12}）

续表

一级指标	二级指标
创新产出评价指标	当年受理的专利申请数（X_{13}） 当年授权专利数（X_{14}） 获国家级科技奖励项目数（X_{15}） 当年在研项目数（X_{16}） 新立开发项目数（X_{17}） 完成新产品新技术项目数（X_{18}）

（二）辽宁工业企业自主创新能力测度

为了保证数据来源的可靠性和因子分析的有效性，便于同类企业间的横向对比，本书以205家具有"省级技术中心"认定资格的辽宁工业企业2011—2012年统计资料作为样本总体，从中选取101家数据较为完整的典型工业企业进行自主创新能力评价。统计软件方面，选择比较适合因子分析的 SPSS 11.0 进行计算。观测样本的 KMO 值为 0.692，Bartlett 球度检验的相伴概率为 0.000，表明所用数据适合于采用因子分析法进行评价（见表6-20）。

表6-20　　　　　　　相关系数矩阵的特征值与贡献率

变量	初始因子（F_1—F_{18}）			提取主因子（F_1—F_4）		
	特征值	方差贡献率	总贡献率	特征值	方差贡献率	总贡献率
1	5.850	32.501	32.501	5.850	32.501	32.501
2	3.119	17.326	49.828	3.119	17.326	49.828
3	2.604	14.467	64.295	2.604	14.467	64.295
4	1.676	11.310	75.604	1.676	11.310	75.604
5	0.973	4.571	79.675			
6	0.832	4.123	84.298			
7	0.698	3.880	88.178			
8	0.579	3.215	91.394			
9	0.432	2.401	93.795			
10	0.326	1.811	95.606			
11	0.277	1.540	97.416			

续表

变量	初始因子（F_1—F_{18}）			提取主因子（F_1—F_4）		
	特征值	方差贡献率	总贡献率	特征值	方差贡献率	总贡献率
12	0.194	1.076	98.222			
13	0.109	0.606	98.828			
14	0.095	0.528	99.356			
15	0.069	0.386	99.741			
16	0.029	0.161	99.903			
17	0.016	0.091	99.993			
18	0.012	0.067	100.00			

上述 18 项评价指标的一致度基本上都大于 70%，说明变量空间转化为因子空间时，保留了较多信息，因子分析效果显著。根据相关系数矩阵的特征值与贡献率（见表 6－20），共有 4 个因子的特征值大于 1，累积贡献率为 75.604%。

通过因子提取，得到工业企业自主创新能力评价的公因子为 TS1、TS2、TS3、TS4。建立 4 个公因子分量的原始因子载荷矩阵，经过正交旋转后得到对原始变量解释力更强的因子载荷矩阵（见表 6－21）。

表 6－21　　　　　　　　旋转后的因子载荷矩阵

项目	因子			
变量	TS1	TS2	TS3	TS4
营业收入	0.925	0.023	0.029	0.053
产品销售收入	0.961	0.018	0.005	0.045
工业总产值	0.869	0.038	-0.02	0.023
资产总额	0.854	0.233	0.034	0.249
研发经费	0.671	0.322	0.024	0.139
新立开发项目数	0.113	0.961	0.029	0.051
当年在研项目数	0.190	0.942	0.006	0.086
新产品新技术项目数	0.068	0.889	0.002	-0.009
获国家级科技奖项目数	-0.01	0.817	0.070	-0.078
技术开发人员数	0.207	0.807	0.018	0.321
当年受理的专利申请数	-0.08	-0.08	0.872	0.114

项目	因子			
变量	TS1	TS2	TS3	TS4
当年授权专利数	−0.123	−0.113	0.820	0.042
研发人员平均收入数	0.079	0.165	0.755	−0.216
外国专家累计工作人月	0.253	0.175	0.689	0.203
来企业国内专家人次	0.299	0.120	0.141	0.772
科研仪器设备净值	−0.140	−0.04	−0.186	0.690
来企业外国专家人次	0.157	0.08	0.101	0.689
国内专家累计工作人月	0.429	0.111	0.334	0.429

公因子本身是不可观测变量，对原始变量具有较高载荷，能够将原始变量归为合理的类别，主要起到简化指标、便于解释的作用。下面以各个指标的因子载荷为依据，对公因子进行命名解释（见表6－22）。

表6－22　　　　　　　　　公因子命名

公因子	高载荷指标
潜在技术创新资源	营业收入、产品销售收入、工业总产值、资产总额
因子 TS1	研发经费
技术创新产出	新开发项目数、在研项目数、新产品新技术项目数
因子 TS2	获国家级科技奖项目数
技术创新活动	受理专利申请数、授权专利数、研发人员平均收入
因子 TS3	外国专家累计工作人月
技术交流因子	国内专家人次、外国专家人次、科研仪器设备净值
因子 TS4	国内专家累计工作人月

（三）辽宁工业企业自主创新能力评价与分析

根据公因子权重和因子得分系数，得到自主创新能力的因子得分函数，结合101家辽宁工业企业的原始数据，可以计算出自主创新能力各个公因子得分及综合得分情况。

企业潜在技术创新资源得分主要集中在－1—1之间。说明辽宁工业企业的潜在技术创新资源总体还处于相对较低的水平，原因在于该因子受产品销售收入、资产总额和研发经费等指标影响，也反映了辽宁工业企业盈利能力弱、经济效益不理想的实际状况。

企业技术创新产出的状况，是自主创新能力的一个重要方面。但从绝大多数辽宁工业企业技术创新产出得分来看，均在全省平均水平上下徘徊。说明辽宁工业企业自主创新能力应加大力度。

根据技术创新活动因子的评价结果，辽宁工业企业技术创新活动的得分比较分散。部分企业创新活动少，专利授权数和受理数基本属于空白。

辽宁工业企业技术交流活动因子得分主要位于 -1—2 之间。得分较高的主要是大型企业，这与大企业资金雄厚，与国内外交流比较频繁，重视产学研结合有关。而其他企业技术交流相对较少，缺乏有效的产学研合作机制。

结合四个公因子得分与因子权重可计算出自主创新能力的综合得分。在所考察的辽宁省 101 家工业企业中，约有 1/4 企业得分大于 0，说明自主创新能力高于省平均水平，其他 3/4 企业则相对较低。综合对比评价结果与原始指标数据可知，规模较大的企业，其自主创新能力综合得分普遍较高，这意味着在某种程度上企业的自主创新能力与企业规模存在正相关关系。

第七章

促进企业自主创新的政策举措

本章在前面章节分析的基础上，着重提出促进企业自主创新的政策举措。首先，应完善促进企业自主创新的财税政策，从财政、税收、政府采购方面进行了分析；其次，应鼓励企业成为自主创新的主体，加强企业自身创新能力建设，充分发挥企业家在自主创新中的作用，加强企业自主创新人才队伍建设，并加强企业的文化建设；再次，构建产学研相结合的体制平台，提出产学研相结合的具体措施，并指出优化产学研相结合的要素环境；最后，明确健全企业自主创新能力评价的指标体系，包括健全企业综合绩效评价指标、健全企业自主创新依存度指数及其指标体系、建立健全测度企业自主创新的主要指标体系等。

第一节 完善促进企业自主创新的财税政策

促进企业成为自主创新主体可以采取包括投入、政策、服务等多种措施，但首先应该是创造良好的政策环境。通过项目支持企业是重要的，但项目能够支持的企业数量是有限的，项目能够发挥作用的时效也是有限的。更重要的是建立健全政策支撑平台，积极颁布鼓励企业自主创新的扶持政策。加强政策之间的配套协调，鼓励企业自主创新的各项政策形成较为完整的政策体系。通过政策引导，提升企业的自主创新能力和成果转化能力。

一 完善促进企业自主创新的财政政策

目前，中国正处于转轨时期，政府资金和政策支持对于完善和促进企业自主创新发挥重要的引导作用，在各种相关政策支持中，财政政策无疑是作用最为直接的政策之一。

第一，明确政府财政与企业在自主创新投入上各有侧重。政府更加便于选择重大科学技术研发的方向和平台，市场和企业更加善于选择产业化科技项目。在政府层面，由于研发投入和市场化目标存在不一致性，使得科研成果不能顺利地转化为生产力，科研和产业化之间出现脱节、分离的现象经常发生。所以，政府与企业在自主创新经费投向上应该有不同侧重点，在项目的基础研究阶段，主要表现为政府财政投入，成果应用与推广阶段主要是企业投入。政府在鼓励企业研发的基础上，在企业研发的弱势领域，强化政府财政投入和资源的运用能力，投入的重点是基础研究、有较高风险、高社会效益的应用基础研究，如一些共性技术等。

第二，确保财政支持企业自主创新的投入稳定增长。随着经济发展，要进一步加大财政科技投入总量，各级政府在编制财政预算和超收分配时，都应把科技投入作为财政预算保障重点，确保财政科技投入逐年增长，尤其是要确保基础研究开发费用支出的优先增长。要建立健全政府财政支持企业自主创新的专项基金制度，在加强投入决策科学性的同时，增加对企业自主创新方面的财政资金投入；树立政府引导企业自主创新投入的实施方略，在政府支持企业自主创新投入中体现加大力度、适当超前、重点支持的方针，各级政府及其财政部门都要增加企业自主创新方面的投入。

第三，完善中央、地方财政支持自主创新投入结构，强化对原始创新的支持力度，同时注重在财政科技投入方面，加大对基础研究的支持。基础研究是新知识产生的源泉和新发明的先导，基础研究投入力度过低，将会导致国家研发能力不能得到有效提高，从长远来看，这必将制约中国创新能力的可持续发展。

第四，不断优化财政科技投入结构，逐步提高中国研发支出占 GDP的比重，加大政府财政对共性技术的投入。在遵守世界贸易组织规则的基础上，明确政府支持共性技术研发的责任和义务，划分中央和地方财政在各自层次上投入共性技术的职责和义务。优先支持战略性共性技术与关键共性技术的研发，提高共性技术的社会经济效果。

第五，建立以政府投入为引导的多元化创新投入体系。中央政府以及各级地方政府应积极构建多元化的企业自主创新投入机制，尽快建立健全以政府投入为引导、以银行信贷为支撑、以企业自筹为主体、以社会融资为补充的多元化投融资机制，形成多种性质、多种主体参与、多种服务功能的创新投入体系，强力推进企业自主创新。对于经国家批准的利用高新技术改造传统产业项目，政府应在财政拨款和银行贷款额度上给予保障。财政可通过担保引导的方式，对企业进行技术革新的银行贷款提供担保，帮助高科技企业走出融资困境。同时，对于国有商业银行或政策性银行给予研究开发项目的不同贷款额度，国家财政应提供贷款贴息优惠政策。

二　完善促进企业自主创新的税收政策

促进企业自主创新的税收政策的主要目的是发挥税收政策的引导作用，以降低创新企业的税负、增加企业的创新资金和培养创新型人才为途径，加快企业自主创新的进程。

（一）加快完善促进企业自主创新的税收制度和政策体系

在税收制度方面，应适时开征环境保护税，利用税收的调节作用抑制高污染、高耗能、低效率企业的发展，督促这类企业在微利的现实情况和税收政策的导向下尽快完成转型，同时，加大对这类企业由于成本相对较低而形成的不公平竞争的处罚力度，为其他企业的自主创新创造良好的外部环境。在新兴产业发展的法律和政策体系方面，一是借鉴发达国家的经验和做法，加快完善与自主创新企业相关的财政税收政策，采取适当的税收激励措施，将促进企业自主创新切实地纳入税收优惠政策中来，统一由国务院颁布执行；二是要结合本国实际情况，制定《促进企业自主创新法》，同时，结合目前国家对新兴产业的部署计划，从全局出发，完善促进企业自主创新和企业发展的财税政策。

（二）调整税收政策扶持环节

税收扶持重点由对企业技术进步科技成果的应用调整为对正在研究开发企业自主创新项目的支持，诱导和鼓励企业加大对技术进步的投入。具体包括：其一，加大研发、技术转化环节的税收优惠力度，促进企业自主创新机制的形成和完善。其二，加大对风险投资的税收支持力度，并注重对风险投资的税收支持应贯穿风险投资的整个过程。其三，应建立健全中国的加速折旧制度，允许企业对用于研发固定资产实行加速折旧，同时还要考虑开征固定资产超期使用税，以强化企业的技术进步意识，并由此带动国家整体技术水平的不断提高。其四，减免企业转让技术和研究成果收入的所得税，尤其注重减免高新技术企业的税收力度。其五，完善支持科技企业孵化器的税收优惠政策，鼓励科技型中小企业创业，降低创业者的创业风险。

（三）加强税收政策对创新需求方的激励，发挥消费税在自主创新中的积极作用

在促进企业自主创新过程中，税收政策着力点应放在本土企业的创新需求方面，在消费税方面，注重结构性调节作用的发挥，其作用主要有两点：其一，为引导社会消费，针对高能耗、高污染、资源型的产品实行高税率；其二，为鼓励企业自主创新，对企业研发的创新产品实行低税率。另外，对于不利于企业自主创新的行为，政府应充分利用税收杠杆予以规范和限制，相关措施包括大幅度提高资源税单位税额标准，改革资源税的分成方式，将资源税由现行的地方税改为中央和地方共享税，并使中央政府的分成比例高于地方政府，加大资源型生产企业的经营成本，达到最终制约部分地方政府和企业为追求地方利益和企业利益而过度开发矿产资源或对矿产品进行粗加工等行为的目的，为企业自主创新创造有利的条件。

（四）健全税收激励政策，提高企业在各个成长阶段发展的积极性

税收激励政策对于初创时期的企业（特别是中小企业）尤为重要，激励措施如投资方面的税收抵免等可以鼓励风险投资的进入，降低企业风险投资成本，也会对科技成果转化起到积极的促进作用。当中小企业处于成长期时，税收激励可以鼓励企业实现可持续发展，可以更有动力去开展本企业的研发活动。当企业处于成熟期时，企业可以提取销售收入的一定比例用作研发基金，这部分基金应全部在税前扣除，为企业进一步实施研发提供资金支持，鼓励先进企业在发展过程中不断进行创新，从而做强做大。

（五）加大对科技创新人才的税收优惠力度

这主要体现在所得税改革方面。为鼓励企业积极培养科技创新人才，应加大企业职工和企业科研人员的培训费用的列支力度，鼓励各类企业加强人才的教育培训，并据实实行税前列支。在高新技术企业和研发人员税收优惠政策支持力度方面，应注意以下几点：其一，在工资方面，完善企业研发人员的计税工资所得税税前扣除政策，降低研发人员的税负。其二，在奖金和分红方面，税收政策应降低对企业技术人员所获得的奖金和分红征收力度，实行减征或者免征个人所得税的政策。其三，为鼓励企业创新的积极性，在自主创新产业的投资收益方面，应完善相关的税收减免政策。其四，为鼓励和提高科技研发人员创新的积极性，税收政策应注重

规范科技研究开发人员个人所得税的优惠范围。为扩大技术成果奖励的免税范围，对参与重大、创新项目研发所获得的奖金补贴，可视同一次性劳务收入征收个人所得税；对科研人员参与重大创新项目所取得的收入给予一定的优惠；对于科研人员因参加国家重大科技研发项目所获得的奖金，免征个人所得税，等等。同时，注重个人所得税总体的改革方向，积极实行综合征收和分类征收相结合的个人所得税制度。

三　完善支持企业自主创新的政府采购政策

政府采购的范围、规模和形式可以在很大程度上引导和促进企业进行产品的自主创新，刺激企业开展自主创新活动，鼓励高新技术企业发展壮大。

（一）完善政府采购支持企业自主创新立法体系

2003 年，中国颁布了《政府采购法》，相关的政策法规随后也陆续出台，给中国企业自主创新提供了良好的发展空间，但相比于发达国家完善的政府采购制度，中国的法律法规仍不健全。当前，出台政府采购法律的目的是提高财政资金的使用效率，虽然在该法中并没有直接关系到自主创新的条款，但为企业开展自主创新活动提供了一个良好的平台。根据国外的经验，日本、韩国和美国等都明确了在企业自主创新和本国创新产业方面的立法目标，其政策效果也都非常显著。为了不使本国企业创新落后于其他国家太远，中国应尽快着手完善《政府采购法》的法律法规，尽快将支持企业自主创新作为政府采购立法的目标之一，完善优先购买本国自主创新的产品，支持企业自主创新的法律规定。

（二）扩大支持企业自主创新的采购规模与采购范围

政府采购对自主创新的支持是以一定规模采购金额为基础的，创新产业投资成本高，投资成本需要市场规模来保证，政府采购通过为创新产品提供一个有效的需求市场来实现政策调控目标。在扩大政府采购整体规模的同时，积极重视政府采购政策对自主创新的支持力度，在政府采购预算中明确创新采购的资金比例，提高创新采购支出在政府采购资金规模中的地位。尤其是对国产高新技术产品实行首购政策和优先购买本国产品在中国目前经济发展的水平下是值得重点考虑的方向。充分发挥政府采购对市场的影响力拓展对自主创新企业的扶持功能。创造和增加企业自主创新产品的市场需求，使企业的创新产品在市场拓展初期有比较稳定的市场保证，以利于降低市场风险。

（三）应尽快完善财政性资金采购自主创新产品制度，建立健全企业自主创新产品认证制度，建立与完善自主创新产品认定标准和评价体系

财政部门应会同有关部门在获得认定的自主创新产品范围内，确定政府采购自主创新目录，实行动态管理，促使自主创新企业既有动力，又有压力，并在技术创新的激烈竞争中迸发出更大的活力。

四 支持企业自主创新的财政性信贷政策

信贷政策的重要性主要体现在银行信贷资金对自主创新企业的支持，并对国家政策性银行提出了相关要求，要求其在一定程度上扶持和帮助创新企业，为创新企业的发展提供一个良好的平台。

（一）大幅度提高银行信贷资金对企业自主创新的支持力度，尤其是加大用于民营企业、中小企业的比例

民营企业和中小企业是自主创新的重要力量，要积极推动社会建立有关中小企业信用的标准、评级、档案、公示等方面的制度。银行方面，要改进服务态度，创新金融品种，采用多种服务形式，扩大对中小企业的信贷服务。国家有必要建立为科技企业服务的专业银行，即科技银行。借鉴国外经验，如美国的硅谷银行就是专门为硅谷科技企业服务的科技银行，它的建立、发展和成功运作，对硅谷科技企业的兴起和发展起到了重大推动作用。中国完全可以学习硅谷银行的经验，发挥自身优势，在北京中关村科技园区、上海张江高科技园区和深圳高新技术开发区等部分有条件的城市高新区进行科技银行试点等。

（二）强化政策性金融机构对企业自主创新扶持作用

政策性金融机构是指国家开发银行和中国进出口银行。国家开发银行应通过以下方式支持企业自主创新融资：重大科技项目贷款、产学研贷款、科技园区贷款、科技型中小企业贷款、高科技创业贷款、创业投资引导基金贷款以及国家开发银行为支持高新技术产业发展的软贷款。中国进出口银行支持企业自主创新的金融服务主要有进出口信贷服务和高新技术企业融资服务。同时，要建立各级政府与政策性金融机构的长效合作机制。首先是地方政府要做好向政策性金融机构推荐企业自主创新项目的工作；其次要做好中小企业自主创新贷款平台建设工作；再次要积极引导政策性银行对企业自主创新的投资。

（三）进一步明晰政府在支持企业自主创新信用担保体系中的地位

企业自主创新的信用担保是为了弥补市场失灵而存在的，应以政策性

担保为主体，商业性担保和互助性担保为补充，这就决定了信用担保资金的出资主体应该是政府。政府出资包括政府对担保机构的资本金出资和对担保机构的代偿进行补偿两个方面。针对目前中国各级政府的资本金出资大多还是一次性的财政投入的局面，应当建立财政资金持续投入的制度性长效机制。

第二节　鼓励企业成为自主创新主体

一　企业作为自主创新主体的客观必然性

根据熊彼特对创新的定义，"创新"一词原本源于企业。从自主创新发展的现状来看，企业具有自主创新的内在动力。为了使自身利益最大化，企业有积极利用创新成果形成产品或者技术的垄断地位，从而获得超额利润，提高自身在自由市场中的竞争力。自主创新给企业提供了新技术、新产品、新生产方法，推动了世界范围内的生产力、生产方式和生活方式发生前所未有的深刻变革，促进全球生产要素流动和产业转移，引起了经济格局、产业结构、消费方式的重大变化。在知识和科技创新方面占据优势的企业，会在发展上占领制高点，掌握主动权。当今世界，知识产权、自主创新能力和品牌成为企业竞争力的核心，只有抓住世界科技革命和产业革命的契机，创造和掌握更多的自主知识产权，创造出引领市场潮流的高新技术和知名品牌，才能在日趋激烈的市场竞争中赢得生存和发展。世界500强企业和中国的知名企业，无一例外都具有很强的自主创新能力，都形成了引领行业发展并使其竞争对手难以超越的研发能力和自主品牌。企业在考虑自身发展的同时，更应警惕的是，竞争对手业务模式的变革可能会导致整个行业面貌的重大变化。

企业是整个国家创新研发活动投入主体、执行主体、技术成果产出和应用主体、风险承担主体和利益分配主体。企业的自身属性决定了其需要在自主创新活动中获得生存和长久发展。同时，企业是国家创新的载体。政府通过各种途径来增强本国的自主创新能力，其直接作用于作为市场主体的企业身上。虽然是创新体系链条的最末端，企业却承担着把科技成果转化为现实社会生产力的桥梁纽带作用。

二　加强企业自身创新能力建设

企业是自主创新的主体。国家自主创新能力增强的过程，正是该国以企业为主体进行自主创新的过程。企业自主创新能力是一种综合能力，包括选择能力、研发能力、集成能力、学习能力、投入能力、转化能力等。企业必须增强收集和监测技术与市场信息能力，增强选择市场机会和技术的能力。增强研发能力要求加强企业对研发活动的投入和人才储备，有效地开发和获取新产品与新技术，使企业在市场竞争中占据优势地位。增强集成能力要求企业增强组织内部资源和技术的能力，还要具有整合外部资源和集成外部技术的能力，最大限度地实现价值创造。增强学习能力可使企业获得最新的技术发展动态，不断提高企业活力和效率。

加强企业自身创新能力建设有多种途径，但应注意其基础性和根本性方面。其一，提高企业研发投入占主营业务收入的比重。研发投入的多少直接决定了技术创新在企业全部活动中的地位，代表创新活动在企业中的活跃程度。其二，提高技术的自给率。为了防止受制于人，能提高企业竞争力的核心技术应该是由企业自主研发和独有的，但这并不排除通过市场而获得。其三，提高技术进步的贡献率。即提高资源和劳动效率，不断提高技术进步的贡献率就是在转变经济增长方式，实现经济的可持续发展。其四，加强自主知识产权的积累。要特别注重发明专利的积累、自主品牌影响力以及基础性研究的进展等。其五，壮大研发队伍，加强创新体系建设。培育高素质的研发人员，使其充分发挥其聪明才智，创新体系则直接影响技术进步的贡献率。

注意加大科技研发与自主创新投入力度，积极建立企业专项研发基金，增加对先进生产设备的投入，以确保企业自主创新的物资需要。对于一般企业而言，应优先考虑加大对国内先进的生产设备的投入，以满足本国产品竞争的需要，同时逐步引进国际先进的生产设备，为将来企业的发展打下基础。对于已经拥有一定生产制造能力，谋求在国内高端市场甚至国际市场能够具备较高的市场竞争力的企业，就应该加大对国际先进生产设备的投入，淘汰国内一般的甚至低水平的生产设备，实现生产设备的结构优化。总之，加大对国内、国际两类先进生产设备的投入，是企业不断满足市场需求、提升企业竞争力的迫切需要，也是符合国家发展战略、实现产业转型升级的必然要求。

三　充分发挥企业家在自主创新中的作用

企业家在企业自主创新中发挥着核心推动作用，是创新活动的倡导者与主体。企业开展自主创新不仅有自主创新本身带来的各种风险，也存在着来自企业内部和外部的各种干扰与阻碍。企业家通过自身创新精神，分析市场需求，研发生产该产品的先进技术。如果企业领导者缺乏企业家魄力和胆识，在面对阻碍时就会退缩不前，不能卓有成效地领导和组织企业自主创新活动达到企业追求的目标。因此，必须创造适合企业家产生、发展的内外部环境，给予他们必要的权力，才能真正发挥出企业家在自主创新中的作用。

强化企业家在自主创新中的作用从两个方面入手。其一，建立以企业家为主体的企业自主创新体系。企业自主创新主体应该是企业家及其领导的工人、工程技术人员、企业内部研发人员、管理者，企业家是自主创新的核心主体。其二，加强自主创新中对企业家的激励，应建立一种有效的对经营管理者具有长期激励作用的体制安排，通过各种方式激励企业家克服短视行为，激励其为企业也是为自己的长远利益而努力。建立以年薪制为基础的长期激励与约束机制。长期激励与约束机制的功能，主要是激发企业家产生长期努力的动机，形成长期积极行为，自觉主动地为本单位科技成果转化项目的长远发展出主意、想办法、负责任，同时，能长期自觉地约束自己的行为，防止出现"偷懒"和"搭便车"行为。

企业的自主创新主要取决于企业家精神及由此种精神形成的创新文化和有效的企业自主创新收益归属，后者是企业家精神及由此种精神形成的创新文化的经济前提。具有创新精神的企业家在洞察市场机会、制定创新决策、组织实施创新，并通过制度创新、管理创新和文化创新来推动自主创新，进而推动国家经济社会的跨越式发展。

四　加强企业自主创新人才队伍建设

要加快建立合理有效的人力资源开发管理体制，为科技创新和科学发展凝聚人才、培养人才。要建立健全科学的人才评价体系，明确调动研发人员积极性和创造性的相关政策，从而有力地鼓励科研人员的创新热情。在产权明晰、责权明确、管理科学为核心的现代企业制度基础上，建立健全企业的技术创新机制，理顺企业内部有关技术创新有效运行的制度。通过这些措施的实施，形成对创新人员和创新活动的双重激励机制。

人才队伍建设对企业的自主创新也至关重要。其一，高素质研发人员的数量应大力增加。目前，在中国研发人员的培养往往只重数量的增加而忽视质量的提高，导致企业的研发能力始终得不到大幅度提高，研发活动的效率较低。所以，吸取这些教训之后，中国企业下一步引进研发人员时，要注重能力和素质的考核，确保优秀的研发人员能够为今后企业的发展做出贡献。其二，注重研发人员的培养。在招录优秀的研发人才之后，要注重对其后续的培训工作，科技在不断进步，研发人员自然也要处于不断学习之中。在培训过程中，要确保研发人员掌握最新的科技知识，注重提供充足的平台使研发人员的特长得以发挥。另外，还应该提高研发人员对企业的认同与归属感，培养他们对企业研发工作的兴趣。

企业应不断提高技术工人素质，优化技术工人结构，保证高级技术工人数量的增加，维持中级技术人员的数量，同时降低初级技术人员的数量，在国家转变经济发展方式的大框架下，从劳动密集型制造转变为知识密集型制造。企业若掌握了核心技术，就会在激烈的竞争中独占鳌头，而核心技术又是靠高级研发人员所掌握和构成的，所以，优化研发人员的结构至关重要。只有拥有优化的技术工人结构，较完备技术工人队伍，才能发挥合力，推动企业自主创新的进程。

培养和引进专业营销人才是中国企业自主创新价值实现能力的资源保障。这就要注重专业营销人才的投资与培养。专业营销人才必须具备以下条件：市场警觉性较高、市场意识较强、经历过专门培训和教育、有一定外语和计算机基础等方面。高素质的营销队伍有助于推动中国企业自主创新价值的实现。要建立有效的激励机制和用人机制，自主创新活动需要激励，形成有效的激励机制将有助于提高营销人才从事创新活动的积极性。同时，企业应注重提供给研发人员充足的工作氛围，鼓励其敢于创新、勤于思考和善于应用创新成果等。为此，要建立激励创新的有效机制，通过体制创新，鼓励创新人才的营销创新活动，保护专业营销人才因自主创新活动获得的合法利益。另外，这对企业管理者也提出了更高的要求，管理者应在借鉴国外先进经验的基础之上，建立合理的用人机制，为员工设计职业发展规划，加强对职工的培训，鼓励职工积极学习营销知识，增强自主创新价值实现能力。

五　加强企业文化建设

优秀的企业文化将有力地推动企业持续、全面的自主创新。培育创新型企业文化不仅仅是一个思想问题，更是一个彰显企业精神风貌的现实问题。在企业文化的培育过程中，企业高层管理人员的品行和意愿前起到决定性的作用。因此，培育创新型企业高层管理人员，使其能灵活、多方位、多角度、多途径地看待和思考问题。同时，企业通过人员培训、制度实施、树立典型，形成各企业具有特色地企业文化。

文化氛围可以在很大程度上促进企业的自主创新。这种自主创新的文化氛围应该是自由和民主的。自由和民主的氛围不仅可以鼓励更多的职工参与创新活动，而且可以刺激科研人员的创新灵感，鼓励科研人员在创新过程中大胆执行，勇于犯错并积极纠正。由于创新活动的风险性较高，一项成功的创新成果是建立在很多失败的经验教训基础之上的，这同时对科研人员的耐心提出了更高的要求。团队意识在科研团队中至关重要，"闭门造车"式的科研活动是无法出优秀成果的，科研人员之间的相互信任和合作是创新活动成功的重要因素。另外，作为一项系统性工作，创新活动还需要企业各个部门、各个单位之间的协调合作。

培育企业创新文化要在企业内部推动形成创新氛围。其一，促进建立学习型企业组织机构，确立企业自主创新的价值观。使员工不断接受新知识、新思想，并通过不断学习，不断自我超越，跟上时代步伐。其二，加大人力资本投入，提高职工的文化修养，为培育企业创新文化打下良好的基础。要使员工的个人目标与企业的目标达到高度一致，把员工对个人价值的追求纳入企业整体的价值创造活动的轨道上来。其三，鼓励团队合作，以集体智慧和共同努力为基础的企业文化环境对企业自主创新的发展更为重要。

第三节　构建产学研相结合的体制平台

一　产学研相结合的客观必要性

大学、科研机构与企业通过合作，实现知识创新成果的应用，即产学研相结合的自主创新，其对于促进企业自主创新具有重要作用。

企业应该抛弃"闭门造车"式的独立研发模式，加强产学研相结合。

建立以企业为主体，产学研相结合的技术体系，是在政府提供的政策环境中，院校、科研机构、企业在市场作用下，各自发挥比较优势，自由选择的结果。从本质上说，就是产业与学科发展双向需求的整合。企业可以有效地利用大学、科研机构的基础研究成果，并将其产业化，从而不断地提高自主创新能力，同时企业也可以为大学、科研机构的基础研究提供资本支持，从而进一步推动基础科学的研究。这一过程不断循环，就会出现技术创新、新产品层出不穷的局面。积极支持企业建立完善研发中心，设立专项基金，支持和帮助企业提高研发人员的科技素质和研发水平。不断推进产学研的紧密联系，"产学研"，"产"在前，没有"产"，"学"和"研"就会失去动力与方向。

二　"产学研"相结合的具体措施

（一）加大资金投入的政策力度，形成以企业为主体、市场为导向、产学研相结合的自主创新体制

从一定意义上说，体制问题是中国提高企业自主创新能力，建立以企业为主体的"产学研"相结合是企业技术创新机制的关键。这一体制平台要求在宏观层面保证创新活动的环境建设，消除企业、科技、市场相互隔离的体制障碍，使政府成为技术创新的有力支持者与协调者。政府应创造良好的政策环境，通过实施一系列有效的政策，强化企业自主创新的动力机制，鼓励企业不断提高自主创新能力，建立以企业为主体的自主创新体系。以市场为导向，鼓励企业增加科技投入，使企业始终成为科技创新的投入主体。

（二）营造有利于产学研相结合的市场环境，扩大合作范围

首先，增强各主体的合作精神。企业要有超前介入高校科研和前期开发意识，有主动吸纳科研成果的措施，并以高校为基地，走联合科研之路。高校要主动推出科研成果，并以企业为基地，加速科技成果的商品化和产业化。

其次，健全和完善市场机制。注重技术、人才和资金市场的培育，通过相关措施，促进科技成果转化和企业自主创新的结合，并通过政府投资和税收优惠来鼓励科技成果的转化，积极发挥各部门的协同作用。

（三）构建利益和风险共担的产学研合作创新机制

科技成果的高风险性和高收益性决定了利益和风险共担的责任制度在

企业内部的重要性。在产学研相结合的过程中，应由高校、科研机构承担部分风险和收益，将高校和科研机构应得的报酬与企业的经济效益挂钩，鼓励高校和企业的长期合作，减少企业的风险压力，积极提高企业和高校在合作过程中的积极性。

（四）因地制宜推进企业自主创新

首先，在结合企业自身特点的前提下，准确把握自主创新的内涵，从企业的实际出发，开展相应的创新活动。在引导本国资本和外国资本投向高新技术产业的同时，政府财政资金要重视基础产业和基础设施的创新及更新换代。

其次，正确处理自主创新和技术引进之间的关系，将自主创新看作国家和企业创新活动的根本出发点，鼓励企业和国家持续增加对企业原始创新的投入力度；将技术引进看作国家和企业创新活动的重要途径，积极借鉴国外经验，发展本国产业，提升自身的二次开发能力。[①]

三　优化产学研相结合的要素环境

人才、资本和技术等因素的支持是构建以市场为导向的自主创新机制的重要前提。在人才方面，自主创新，以人为本，人才是最为关键和重要的战略资源。无论是对于国家的战略性领域，还是对于企业为追求利润最大化所开展的创新活动，对人才的争夺是不变的主题。各个企业应切实将人才和自主创新做到有效结合，提供给科研人员以充分的发展空间，努力完善本企业的相关制度，从而招揽和吸引人才，并避免本企业人才的流失。在资本方面，应努力抓好资本市场，鼓励银行为创新企业提供充分的资金支持，为企业的自主创新提供融资保障，并保证企业新产品试验费和项目补助费的及时到位。在技术方面，保证各种科技要素的流通，优化科技资源的配置，激活各个科技因素的竞争活力。

在自主创新活动中，政府有很大的发挥作用的空间。主要是保证创新环境的充裕。政府可采取宣传、教育和宏观政策引导等诸多措施，营造有利于企业自主创新的社会文化环境、法律环境和市场环境。其一，社会文化环境方面，要在全社会培育创新意识和创新精神，培养企业家、科研人员的创新观念，倡导尊重知识、尊重人才。其二，在法律环境方面，就是要建立健全鼓励创新、保护知识产权的法律法规，使政府行为上升为国家

---

① 王宗军、夏若江、肖德云：《创新能力与技术战略》，人民出版社2011年版。

意志。从法律层面上鼓励企业的自主创新，规范市场的各种经济行为。其三，在市场环境方面，应该促进形成公平竞争的市场秩序，打破国有企业对市场的垄断，放宽民营企业的市场准入条件，增加大型企业的创新压力，刺激中小企业的创新活力，使得各类企业积极开展创新活动，以赢取市场份额和超额利润。

第四节　健全企业自主创新能力评价指标体系

一　健全企业综合绩效评价指标体系

本节拟借鉴国务院国资委财务监督与考核评价局根据《中央企业综合绩效评价管理暂行办法》等文件规定，以全国国有企业财务状况、经营成果等数据资料为依据，并参照国家统计局工业与流通企业月报数据及其他相关统计资料，对企业经营状况进行客观分析，运用数理统计方法制定分行业的企业经营状况考核指标体系。

其考核项目主要有：盈利能力指标，包括净资产收益率、总资产收益率、主营业务利润率、盈余现金保障倍数、成本费用利润率及资本收益率；资产质量状况，包括总资产周转率、应收账款周转率、不良资产比率、流动资产周转率及资产现金回收率；经营增长状况，包括销售增长率、资本保值增值率、销售利润增长率及技术创新投入比率。

企业绩效主要评价指标计算公式如下：

$$净资产收益率 = \frac{归属于母公司所有者的净利润}{平均净资产} \times 100\%$$

平均净资产 = （年初归属于母公司所有者权益合计 + 年末归属于母公司所有者权益合计）÷2

$$总资产报酬率 = \frac{利润总额 + 利息支出}{平均资产总额} \times 100\%$$

平均资产总额 = (年初资产总额 + 年末资产总额) ÷2

$$主营业务利润率 = \frac{主营业务利润}{主营业务收入} \times 100\%$$

主营业务利润 = 主营业务收入 - 主营业务成本 - 主营业务税金及附加

$$盈余现金保障倍数 = \frac{经营现金流量}{净利润}$$

$$成本费用利润率 = \frac{利润总额}{成本费用总额} \times 100\%$$

成本费用总额 = 主营业务成本 + 主营业务税金及附加 + 销售费用 + 管理费用 + 财务费用

$$资本收益率 = \frac{归属于母公司所有者的净利润}{平均资本} \times 100\%$$

平均资本 = [（年初实收资本 + 年初资本公积） + （年末实收资本 + 年末资本公积）] ÷ 2 总资产周转率（次） = $\frac{主营业务收入}{平均资产总额}$

$$流动资产周转率（次） = \frac{主营业务收入}{平均流动资产总额}$$

平均流动资产总额 = （年初流动资产总额 + 年末流动资产总额）÷ 2

$$销售增长率 = \frac{本年主营业务收入增长额}{上年主营业务收入} \times 100\%$$

$$资本保值增值率 = \frac{扣除客观因素后的年末所有者权益}{年初所有者权益} \times 100\%$$

$$总资产增长率 = \frac{年末资产总额 - 年初资产总额}{年初资产总额} \times 100\%$$

$$销售利润增长率 = \frac{本年主营业务利润 - 上年主营业务利润}{上年主营业务利润} \times 100\%$$

$$技术创新投入比率 = \frac{本年技术创新支出}{主营业务收入} \times 100\%$$

二　建立健全企业自主创新能力依存度指数及其指标体系

企业自主创新依存度指数是运用定量与定性相结合的综合评价方法，评价企业创新投入、创新产出、创新绩效和创新管理等对企业发展的影响，系统地考察企业发展对自主创新的依存程度。

企业自主创新依存度指数的提出是基于对企业自主创新的表现形态而界定的，即创造性、持续性、系统性和带动性。其中，创造性是指企业实现了产品创新、工艺创新或服务创新；持续性是指企业具有的创新发展的后劲及其连续性；系统性是指企业为实现持续创新而进行多层次、多环节的设计、组织和管理；带动性是指企业创新活动对企业自身的发展和同一行业发展所产生的市场与行业的影响力与示范效应。

企业自主创新依存度指数采用定量与定性相结合的综合评价方法，基于可采集性、可比性、可操作性及先易后难的考虑，这里是且遴选出四个定量指标即研发经费强度、千名研发人员拥有的授权发明专利量、新产品（新工艺等）销售收入占主营业务收入比重、全员劳动生产率，以及一个定性指标即创新组织与管理，构成测度企业发展对自主创新的依存程度指标体系。如表7-1所示。

表7-1   企业自主创新依存度指数的指标体系

定量指标	定性指标
研发经费强度	创新组织与管理，包括创新战略设计、研发组织建设、知识产权管理和创新文化建设
千名研发人员拥有的授权发明专利量	
新产品销售收入占主营业务收入比重	
全员劳动生产率	

定量指标方面，"研发经费强度"指的是研发费用支出占主营业务收入的比重，其反映的是企业在资源配置上对自主创新的重视程度；"千名研发人员拥有的授权发明专利量"是指在一定时期内企业作为专利权人拥有的发明专利数量，反映的是企业对核心技术和自主知识产权的掌控情况和创新效率；"新产品销售收入占主营业务收入比重"指的是反映企业收入构成和获取利润中直接来自技术创新的比重；"全员劳动生产率"是指企业年增加值与企业全体员工数量的比重，反映的是企业综合经济效益情况。

定性指标方面，"创新组织与管理"指标主要包括创新战略设计、研发组织建设、知识产权管理和创新文化建设四个方面。

企业自主创新依存度指数是采用综合评价方法将上述定量指标与定性指标结合起来，用于衡量企业发展对自主创新的依赖程度。鉴于企业类型不同、行业多样及规模各异，评价既要反映企业自主创新的基本特征和规律，又要体现企业之间的创新差异。这就要合理确定指标权重、选择行业平均数体现不同行业企业创新差异、从研发经费强度入手采用两个维度对不同规模和所处不同技术密集程度体现不同规模企业的创新差异性。

三 建立健全测度企业自主创新的主要指标体系

企业自主创新主要指标体系和层次结构如表7-2所示。

表7－2　　　　　　　　　企业自主创新综合评价指标体系

类别层次	项目层次	对项目指标的说明
研发能力	研发经费投入强度	研发投入÷销售总收入
	研发人员比重	研发人员数÷职工总人数
	研发成功率	自主研发成功项目数÷技术创新立项总数
	创新产品产值率	自主创新产品产值÷企业总产值
	年均申请专利数	定量指标和近三年专利申请量平均值
	年均获得授权专利	定量指标和近三年专利获得授权数
生产能力	生产设备水平	国际先进水平设备比例、国际一般水平设备比例、国内先进水平设备比例、国内一般水平设备比例和其他水平设备比例
	技术工人素质	初级技工比例、中级技工比例和高级技工比例
	通过的质量管理认证	定性指标
	先进技术的应用程度	定性指标
	劳动生产率	自主创新产品产值÷职工总人数
价值实现能力	市场研究费用投入强度	市场研究投入费用÷销售总收入
	营销费用投入强度	营销费用÷新产品销售收入
	市场研究人员投入强度	市场研究人员数÷销售人员总数
	企业的市场地位	定性指标
	营销网络建设	定性指标
组织管理能力	领导对自主创新的重视程度	定性指标
	创新激励机制的健全程度	定性指标
	创新文化氛围	定性指标
	研发部门与其他部门联系紧密程度	定性指标
	与其他企业及科研机构交流的紧密程度	定性指标
	对员工的培训力度	定量指标和年员工培训费

第八章

工业企业自主创新的评价与实现
路径探析：以辽宁省为例

第一节　辽宁省工业企业自主创新现状分析[①]

一　辽宁省工业企业自主创新主要成效

近年来，辽宁省工业企业尤其是高新技术企业以提高企业自主创新能力为核心，以营造科技创新环境和促进高新技术产业化为主线，加大科技攻关和产业化的工作力度，使企业自主创新能力得到增强。

2007年，辽宁省规模以上工业企业实现高新技术产品产值6028亿元，增加值1475亿元，分别比上年增长39%和41%；实现高新技术产品销售收入5625亿元、利税472亿元，分别比上年增长40%和54%。2007年，规模以上工业企业高新技术产品增加值占同口径工业增加值的比重为29%，比上年提高了近4个百分点；占国内生产总值的比重为13%，比上年提高2个百分点；对国内生产总值增长的贡献份额达到24%，为全省经济持续、稳定增长做出了重要贡献，对国民经济结构的优化起到了积极的促进作用。

2008年上半年，辽宁省规模以上工业企业实现高新技术产品产值3396亿元，同比增长27%；实现高新技术产品增加值834亿元，同比增长35%，占同口径工业增加值的比重达到26%。

辽宁省企业自主创新能力的增强，还表现在沈阳IC装备等一批重大科技项目取得新突破，正式成为国家IC装备重点地区之一。12英寸

---

① 曹晓峰、张卓民：《2009年辽宁经济社会形势分析与预测》，社会科学文献出版社2009年版。

PECVD 等 10 个项目已经纳入国家重大专项，其中，"90—65 毫米等离子体增强化学相沉积设备研发与产业化"项目已经被列入国家第一批启动的重点项目计划，罗茨干泵系列洁净真空获得系统研发与应用、8—12 英寸匀胶显影设备研发与应用、符合 SEMI 标准的 12 英寸集束型 IC 装备控制系统开发平台研发与应用、直驱型真空机械手及硅片传输系统研制四个 IC 装备项目已经通过科技部评审，与黎明公司联合申报的国家"863"重大专项"整体煤气化联合循环发电（IGCC）项目"通过专家论证和评审，已得到科技部批准立项。

辽宁省还围绕重点行业和关键领域组织实施了 78 个重大科技攻关项目。这批项目以 78 家企业为项目主体，进一步推动了产学研合作和技术联盟，在解决关键共性技术和开发新产品方面取得了明显进展。

沈阳机床集团承担的"面向航空航天行业的高效五轴联动加工机床"项目，解决了高速高精并联机构设计及制造技术和车铣复合主轴单元设计技术，开发出技术达到国内领先、国际先进水平的 HTM63150iy 车铣复合中心等产品。其中，HTM63150iy 车铣复合中心配套大森 18i 数控系统，在第五届中国数控机床展览会被中国机床工具工业协会授予"春燕奖"。

大连机床集团承担的"九轴五联动高档车铣复合加工中心"项目，解决了电主轴设计及制造、双电主轴高速同步对接和随动、精密动力刀台设计与制造以及五轴车铣复合加工中心模块化设计等关键技术，完成了九轴五联动高档车铣复合加工中心（CHD25 型）样机试制。

大连重工起重集团、鞍山重机公司和中科院金属所等单位联合研制的大型船用柴油机曲轴。鞍山重机公司利用可视化铸造等关键技术，已经成功锻造出一套大型船用柴油机 90 机曲轴曲拐毛坯，通过了国际船级社认可，获得了国际制造许可证。大连重工起重集团解决了曲拐加工工艺等 7 项关键技术，成功研制出首支 70 型曲轴，通过了船级社和用户认定。

沈阳鼓风机有限公司联合西安交通大学、大连理工大学等单位，掌握了年产百万吨乙烯装置用裂解气压缩机、丙烯压缩机和乙烯压缩机的技术方案优化、产品与 API 标准的偏离分析，大型压缩机转子可靠性等 7 项关键技术，现已进入产品生产制造阶段，其中，乙烯装置用裂解气压缩已完成了机壳和转子的生产制造。

特变电工沈阳变压器集团与沈阳工业大学等院校合作，解决了特高压输变电设备中绝缘、抗短路、抗机械力等技术问题，开发出世界首台百万伏交流变压器，将用于国家百万伏试验示范工程。

沈阳黎明航空发动机有限公司已完成了 R0110 重型燃气轮机项目的制造和装配工作，正在厂内试车调试，主要技术指标达到了设计要求。"十一五"合成气重型燃气轮机项目已通过了科技部组织的答辩。

沈阳华晨金杯汽车有限公司开发出具有自主知识产权的骏捷家庭经济型轿车（骏捷 FRV）。该款车型具有 1.3 升和 1.6 升两种排量，具备良好的空气动力学性能和燃油经济性能，排放达到欧 IV 标准。

辽阳忠旺集团引进了世界最大的 125MN 卧式油压双动挤压机，解决了铝合金化学成分优化、大型铸锭熔铸、大型复杂截面铝型材制备等技术，开发出铁路货车车辆铝型材，应用于北车集团运煤专用车，实现了轨道车辆轻量化。

辽宁天合精细化工股份有限公司解决了低温低压调聚法氟碳醇制备、含氟处理剂制备等关键技术，建成年产 200 吨氟碳醇中试生产线，生产出符合工艺要求的 70 吨氟碳醇产品，完成了织物整理剂及其中间体、聚合体的小试、中试，并同总装备部、铁道部等部门达成了约 1 万吨的织物整理剂销售意向。

锦州阳光能源有限公司解决了 N 型硅单晶氧碳含量控制、N 型高寿命硅单晶生产以及高光电转换效率电池片制备等技术，试制出 N 型高转换效率太阳能电池用硅片 N 型单晶硅棒小批量出口日本三洋公司，光电转换效率达到 18% 以上。

锦州新世纪石英玻璃有限公司解决了高纯石英的高压电离提纯、高频等离子提纯、定向凝固以及工艺参数的优化调整等关键技术，成功开发出低成本太阳能级多晶硅。

中国科学院沈阳科仪、沈阳芯源公司、沈阳新松机器人、沈阳中科博微自动化公司等企业开展了清洁真空获得、自动控制、精密机械加工、超净（真空）环境下机器人本体设计制造等关键技术攻关，开发出具有自主知识产权的 IC 装备真空获得设备、12 英寸旋转湿法刻蚀设备、IC 装备搬运机器人、符合 SEMI 标准的集束型 IC 装备控制系统开发平台等一批填补国内空白的系列产品，提高了与国外产品的竞争能力。

"十一五"期间，大连市民营企业创新步伐不断加快，创新能力显著提升。例如，天维科技自主研发的高清数字电视多媒体业务终端服务器达到业界领先水平；艾科科技自主研发的激光接收器件填补了国内空白；环宇集团承担了国家"863 计划"课题"移动通信网关口防护关键技术研究"；新阳科技成功研发出磷酸铁锂电池正极材料，并实现了产业化；融科公司和大连化物所合作开发的全钒液流储能电池项目，获得 5 项国家发明专利。

　　总之，辽宁省企业自主创新的发展已经成为辽宁省经济发展和技术进步的重要力量；企业自主创新能力的提高，已经成为国家自主创新最具活力的生力军；同时自主创新能力的增强也大大提高了企业的整体素质和竞争力。

二　制约提高辽宁省企业自主创新能力的主要障碍

　　辽宁省企业在自主创新上虽然取得了巨大成绩，但相对于其在国民经济中的地位还存在较大差距。据国家知识产权局统计，我国国内拥有自主知识产权核心技术的企业仅为万分之三，99%的企业没有申请专利，60%的企业没有自己的商标。不仅如此，辽宁省企业自主创新还存在地区之间、行业之间、新老企业之间的严重不平衡和原始创新数量较少等一系列问题。那么，是什么阻碍了企业自主创新？根据调研反映的情况来看，主要有以下几个方面：

　　第一，自主创新意识薄弱，相当数量的企业无意创新。占辽宁省企业数量较多中小企业还是以维持生存为企业第一要义。

　　第二，专业技术人才稀缺制约企业自主创新。人才、技术和资金是企业自主创新的基础与条件，但这是需要一定时间进行积累和准备的，大多数企业恰恰在这些方面十分薄弱，缺乏必要基础。据统计，2008 年，辽宁大中型企业就业人员中研发人员的比重仅为 2.72%，列全国第 30 位，且企业研发人员数量的增长率竟然出现负增长。

　　第三，融资难、国家直接支持少，多数中小企业难以创新。近年来，尽管国家有关中小企业信贷政策有一定改进，中小企业融资环境也有了部分改善，但融资难仍然是中小企业发展中的主要问题。国家对企业自主创新的直接支持也非常少。国家近年对科学技术投入虽然日益增加，但存在"两大两少"现象，即大部分资金用于大学与科研机构，只有少部分用于企业；用于企业的科技资金又是大部分用于国有企业，只有少部分用于民营企业。从财税角度来说，还有一些问题需要解决。其一，财政支持力度总体仍然偏弱。从总量上说，相对于我国众多企业技术创新的内在需求而言，各项财政政策的支持力度仍显不足。以科技投入为例，近年来，虽然各级财政科技投入都呈不断上升的趋势，但是，占财政支出的比重并没有大幅度提高，2001—2008 年，都在 3.70%—4.25% 的水平。与发达国家和新兴工业化国家相比，企业研究开发经费无论是总量还是占 GDP 的比重均偏低，其占 GDP 的比重世界平均水平为 1.6%，许多发达国家在 2% 以上，而我国 2008 年仅为 1.5%。其二，具体政策工具还存在较大提升空间。一是直接支出总量偏小，着力点分散；二是支持自主创新的政府采购制度不尽完善；三是税收政策支持力度较弱；四是企业分配制度创新不足。其三，各级政府间支持企业自主创新的责任不明确。在法律上，我国政府间财政支出责任划分缺乏明确界定。具体到企业自主创新财政支出究竟应该属于哪一级政府的支出责任，或者中央和地方应当各自承担多少支出责任，没有清晰的界定，导致中央和地方的支出权限不清。

第四，知识产权保护不力，市场风险大，多数企业不敢创新。我国虽然明显加大了知识产权保护的法规制度建设和管理力度，但仿冒他人技术、专利、商标及品牌现象并未根本改观。据调查的一些企业反映，目前因仿冒问题带来的企业技术创新的市场风险在许多方面甚至比过去更大，严重阻碍了企业自主创新的热情与动力。

第五，短期效益至上制约企业自主创新。企业科技自主创新需要有战略眼光、长期规划、人才技术积累、大量资金投入，还要冒可能失败的风险，这对于多数企业是难以进行的。且企业最讲究"机会成本"和"利益最大化"，哪里有钱赚并能够快速赚钱就往哪里投。

第六，企业自主创新政策不够系统、完善。当前，工业企业的主要任务就是增强整体的创新功能，这就需要制定和完善科技创新政策。

第七，企业自主创新能力的评价模式与方法及评价指标体系的构建尚待完善。要以企业自主创新基本内涵为核心，围绕总体目标建立指标体系的基本框架，选择可操作性强的评价模式与方法，才能全面、系统、客观地评价企业自主创新能力。

三 辽宁省"十二五"时期提高企业自主创新能力的重点取向

作为传统工业基地之一，辽宁省的原材料产业和装备制造业优势突出，经济结构表现为工业比重大、国有部门相对集中、传统产业占主导地位的重化工业特点。辽宁省是创新资源较为丰富的省份，拥有众多的国家级科研院所、大专院校，创新基础雄厚，很多科研成果实现了重大领域关键技术上的突破。"十二五"时期，辽宁省的企业自主创新要注意以下几个方面：

第一，继续加强企业自主创新的战略研究与指导。依托省内大学、科研院所等软科学研究机构，加快建立和完善企业自主创新发展战略的研究体系，积极推进企业自主创新能力提高进程。

第二，完善以专业孵化器等为核心的创业孵化体系。加大对各类孵化器（创业服务中心、大学科技园、专业孵化器等服务机构）的支持，重点支持软件测试、IC 装备、生物制药、精细化工等公共技术研发和服务平台建设，营造优良的创新创业环境，提升产业技术竞争能力。

第三，争取科技部"十二五"计划支持。进一步研究科技部的工作重点和辽宁技术优势。抓紧组织百万千瓦核泵、N 型太阳能电池硅片、特高压可控电抗器等一批重大项目申报国家计划，积极做好与科技部高新司等部门的联系、沟通与协调工作，争取辽宁有更多项目纳入国家计划。

第四，加强重点行业和关键领域重大关键技术攻关。结合国家科技中长期发展规划和辽宁科技中长期发展规划，围绕辽宁重点行业和关键领域，以 78 家工业领域科技示范企业为依托，集中力量组织实施一批具有行业带动力的重大项目，加强关键技术创新、集成创新和引进消化吸收再创新，重点解决一批制约行业发展的重大关键技术，开发一批具有自主知识产权核心技术和重大装备及产品。

第五，建立健全企业自主创新能力评价机制。为促进企业自主创新能力的提高，考核企业自主创新的业绩与绩效，建立健全企业自主创新能力评价指标体系，确立具有可操作性的评价模式与评价方法是不可或缺的。

第二节　工业企业自主创新的评价指标体系及其应用

工业企业可以细分为 20 多个行业，这里主要将工业企业分为四大类：一是供应商主导的产业，技术知识的数量明显要少，如服装及其他纤维制品、食品加工制造等；二是专业化供应者产业，知识源于内部积累和用户部门的压力，要求企业持续地提高生产效率，如医药制造、仪器仪表及文化办公用机械制造等；三是规模密集的部门，知识源于对企业生产系统和产品系统长期渐进性改善中获得的能力积累，如有色金属冶炼、石油加工和皮革毛皮羽绒制造等；四是科学为基础的产业，技术知识来自外部的基础科学进步，如半导体、电信以及计算机、工业控制等。

　　总结工业企业自主创新能力评价指标体系，大致可以分为三大类：一是产品创新，包括产品创新投入能力、产品创新管理能力、产品创新信息化水平、产品创新制造能力、产品创新营销能力、集成创新水平、产品创新产出能力和产品创新环境效益等。二是工艺创新，包括工艺创新投入能力、工艺创新经济效益、社会效益等，比如，在环境保护的前提下，提高工艺创新、将计算机、自动化技术与原有老工艺设备结合进行工艺创新、学习发达国家的工艺等；三是经营创新，因为产品与工艺已经大致定型，顾客需求明确且市场也趋近于成熟，因此创新的方向转为成本、品质、渠道、顾客服务等经营管理层面的议题，当然，也包括如何利用经营模式的创新来维持企业的竞争力。

　　工业企业自主创新评价指标大体可分为知识创造、知识获取、企业技术创新、创新环境和创新效益五类。具体见表 8 - 1。

表 8 - 1　　　　　　　　　企业自主创新评价指标体系

一级指标	二级指标	三级指标
知识创造	研发投入	人均研发经费支出
		研发人员占总人数比例
		政府科技投入占研发总支出的比率
	专利情况	专利拥有数
		专利申请数
		专利授权数
	综合科技管理	每百万元科技投入产生的发明专利数
		每百万元科技投入产生的新产品产值
知识获取	技术合作	高校科研机构科技经费
		高校及科研院所研究机构来自企业科研经费数
		高校及科研院所来自企业的经费占总经费比重
	技术转移	企业技术市场平均成交额
		国内技术购买企业平均成交额
		技术引进企业平均成交额
		人均外商直接投资额

续表

一级指标	二级指标	三级指标
企业技术创新	企业研发投入	企业 R&D 人员 年研发投入占销售收入比例 企业研发投入
	设计与生产能力	工业企业固定资产原值 技术改造经费支出 新产品产值占总销售额比例
创新环境	创新基础	企业研发总支出 企业研发总支出结构 企业研发支出增长比例
	市场需求	人均商品出口额 人均商品进口额 年人均国内固定资产投资额 居民消费水平
	从业者素质	人均教育投资 大学毕业生人数
	金融环境	企业技术开发银行贷款数及增长比例
创新效量	宏观绩效	人均 GDP 水平 年商品出口额占 GDP 比例
	生活与就业	居民年人均可支配收入

　　选定评价指标后，还必须确定评价标准，否则无法判定其优劣。对于被评价企业来说，评价标准传递了评价主体的预期信息，也为被评价企业树立了努力方向。良好的评价标准应该符合以下原则：首先，它应该是明确具体，容易理解，能够作为评价者和被评价者共同的观念及共同的语言；其次，评价标准应该是一致的，在评价指标之间没有冲突，也没有重叠，指标体系的科学性是确保评价结果准确、合理的基础。因此，从不同侧面反映科技创新状况，指标具有较好的可靠性、独立性、代表性、统计性；再次，评价标准应该将刚性和弹性结合，对主观因素有刚性约束，对客观因素则是弹性的，实现工业企业间的比较；最后，遵守可行性原则，指标体系的建立要力求精练、实用，并具有可行性。

　　根据目前所掌握的数据与资料，只能从知识创造、知识获取、企业技术创新和技术创新环境四个方面对辽宁企业自主创新状况进行评价。具体评价情况如表8-2所示。

表8-2　　　　　　　　辽宁自主创新能力主要指标评价

指标名称	2001年排名	2002年排名	2003年排名	2004年排名	2005年排名	2006年排名	2007年排名	2008年排名
一、知识创造	8	5	7	4	8	9	10	8
1. 研发投入	7	8	10	3	19	8	12	9
2. 专利	3	3	5	6	6	7	9	8
3. 投入产出比	11	6	8	10	7	11	-	-
二、知识获取	6	4	9	7	8	7	7	6
1. 科技合作	4	11	2	5	8	6	6	5
2. 技术转移	1	3	20	10	16	7	14	7
3. 外国直接投资	13	6	7	6	9	8	5	8
三、企业技术创新能力	6	7	6	5	6	7	6	11
1. 设计能力	6	6	7	5	5	7	8	8
2. 制造和生产能力	2	2	1	3	6	1	1	1
3. 新产品产值	16	12	13	11	11	14	13	13
四、技术创新环境	2	10	7	7	8	7	6	8
1. 创新基础设施	14	9	8	9	7	8	4	8
2. 市场环境	1	7	8	12	13	8	6	7
3. 劳动者素质	6	7	5	12	7	7	6	9
4. 金融环境	1	19	8	3	9	10	7	8

资料来源：《中国区域创新能力报告》（2008），科学出版社2009年版。

辽宁自主创新的基本数据可以反映近年来该省自主创新的水平与现状。总体上讲，辽宁的自主创新能力处于全国的上游水平，2001年以来，除2001年排名第6位以外，其他7年均位列全国第8，排在上海、北京、广东、江苏、浙江、山东和天津之后。2008年，除了知识创造与知识获取比2007年略有上升外，其他二类指标，即企业技术创新能力和技术创新环境比上年均出现下降。

知识创造能力是科技创新的基础，主要取决政府研发投入水平、科技产出水平和过程管理水平（即科技的投入产出比）三项。这样，辽宁知识创造能力在全国的排名呈下降趋势，从 2002 年的第 5 位降到 2008 年的第 8 位，最高为 2004 年的第 4 位，最低则是 2007 年的第 10 位。从分指标来看，辽宁知识创造能力的相对优势体现在科技产出水平，即专利申请受理方面，2008 年，辽宁每 10 万人平均发明专利申请受理数为 10.23 件，居全国第 7 位（专利综合指标列第 8 位）；而研发投入则是弱项，2001 年以来，这一指标较长时期在第 10 名左右。另据统计，2008 年，辽宁研发人员增长率仅仅为 4.45%，位于全国的第 24 位。政府科技投入占 GDP 的比重列为全国第 9 位，但政府科技投入的增长率仅仅为 14.77%，列全国第 19 位，均相对较低。

知识获取能力体现了一个区域取得知识和分享知识的水平，主要通过科技合作、技术转移和外国直接投资等指标加以衡量。总体来讲，辽宁的知识获取能力在全国的排名比较稳定，但各分指标的位次变化较大。技术转移指标由 2007 年的第 14 位上升到 2008 年的第 7 位，说明技术市场交易能力强。

企业技术创新能力是自主创新的核心。在企业创新能力方面，辽宁企业创新能力综合指标由 2007 年的第 6 位骤降到 2008 年的第 11 位。其中，制造和生产能力指标稳居第 1 位，设计能力和新产品产值分别为第 8 位和第 13 位。

技术创新环境是一个综合的系统，既包括市场、金融等经济环境，又包括劳动者素质、科技文化积淀等人文环境。从辽宁的技术创新环境指标来看，2008 年，辽宁的创新环境由上年的第 6 位降到第 8 位，包括创新基础设施、市场环境、劳动者素质及金融环境等分项指标排名均比 2007 年有不同程度的下降。尤其是创新基础设施指标降幅最大，由上年的第 4 位降到第 8 位。

基于对辽宁创新能力指标的评估，我们可以得出如下基本结论：辽宁自主创新能力总体较强，位于全国前列，其科技基础好，产业基础雄厚，企业制造和生产能力强劲。但也存在多种问题，如科技投入水平不高、企业创新能力薄弱、科研成果转化率较低及创新环境不理想等，这些问题依然困扰着辽宁未来的自主创新，同时也成为辽宁科学发展所面临的最大挑战。

第三节 推进工业企业自主创新的实现路径

增强企业自主创新能力、建设创新型国家，是党中央在新的历史时期，落实科学发展观，加快转变经济发展方式的重大战略举措。而如何推进企业自主创新和实现企业自主创新能力的大幅度提高，即企业自主创新的主要实现路径。笔者认为，坚持科学发展和转变经济发展方式是推进企业自主创新的基本前提；充分发挥企业积极性和主动性是推进企业自主创新的根本所在；实施倾斜的经济政策是推进企业自主创新的必要条件。①

一 坚持科学发展和转变经济发展方式是推进企业自主创新的基本前提

以科学发展为主题，是时代的要求，关系改革开放和现代化建设全局。以加快转变经济发展为主线，是推动科学发展的必由之路。《国民经济和社会发展第十二个五年规划纲要》指出：今后五年，要确保科学发展取得新的显著进步，确保转变经济发展方式取得实质性进展。这就要求坚持把经济结构战略性调整作为加快转变经济发展方式的主攻方向；坚持把科技进步和创新作为加快转变经济发展方式的重要支撑。

坚持走中国特色新型工业化道路，适应市场需求变化，根据科技进步新趋势，发挥我国产业在全球经济中的比较优势，发展结构优化、技术先进、清洁安全、附加值高、吸纳就业能力强的现代产业体系。改造提升制造业，要优化结构、改善品种质量、增强产业配套能力、淘汰落后产能，发展先进装备制造业，调整优化原材料工业，改造提升消费品工业，促进制造业由大变强。要推进重点产业结构调整、优化产业布局、加强企业技术改造、引导企业兼并重组、促进中小企业发展。培育发展战略性新兴产业，要以重大技术突破和重大发展需求为基础，促进新兴科技与新兴产业深度融合，在继续做大高技术产业的基础上，把战略性新兴产业培育发展成为先导性、支柱性产业。要推动重点领域跨越发展、实施产业创新发展工程、加强政策支持力度。

要增强科技创新能力，坚持自主创新、重点跨越、支撑发展、引领未

① 王志：《辽宁沿海经济带战略中的自主创新问题研究》，《财经问题研究》2010 年第 5 期。

来的方针，加快建设国家创新体系，着力提高企业自主创新能力，促进科技成果向现实生产力转化，推动经济发展更多依靠科技创新驱动。要推进重大科学技术突破，加快建立以企业为主体的技术创新体系，加强科技基础设施建设，强化科技创新支持政策。

建设创新型国家，核心是把增强自主创新能力作为发展科学技术的战略基点，作为调整产业结构、转变经济发展方式的中心环节，建设资源节约型、环境友好型社会，推动国民经济又好又快发展；就是把增强自主创新能力作为国家战略，贯穿到现代化建设各个方面，激发全民族创新精神，培养高水平创新人才，形成有利于自主创新的体制与机制。

二　充分发挥企业积极性和主动性是推进企业自主创新的根本所在

中共十六届五中全会提出了建设创新型国家，增强自主创新能力的战略目标与任务，提出"自主创新、重点跨越、支撑发展、引领未来"的战略方针，随后国务院又颁发了《关于实施国家中长期科学和技术发展规划纲要若干配套政策的重要通知》。自主创新是十六字方针的核心，以企业为主体的技术创新在建设创新型国家中具有基础性作用。

工业发达国家自主创新的普遍经验给我们的启示是，企业是自主创新的主体，多数技术研发中心建在企业，科技队伍的主体集中在企业，这是因为企业作为以营利为目的的经济组织，具有通过科技创新实现利润最大化的内在推动力；在市场经济条件下以及经济国际化的大环境中，企业始终面临着竞争的压力，不搞创新，企业就难以生存，更谈不上发展，企业具有重视技术创新的外在压力；企业在生产经营活动的实践中，能够使技术创新方向和目标的选择更符合市场需求；企业具有将科技成果转化为产品的生产设备、工程技术能力以及社会化配套能力。企业能够将科技要素、工程要素、资金要素、市场要素直接结合起来。

要使企业自主创新最具活力、最有潜力，一定要提高对企业在建立创新型国家中的重要地位与作用的认识。在我国要实施创新战略、建立创新型国家，企业是主要力量。因此，国家在充分发挥大学、科研院所和国有企业在自主创新中的关键与骨干作用的同时，必须提高对民营企业在自主创新中的重要地位与作用的认识，充分发挥民营企业这一基本力量在建立创新型国家中的重大作用。

适应市场需求与市场竞争是推动企业自主创新的直接原因。在激烈的市场竞争环境下，越来越多的企业已经认识到，创新成为不断增强企业竞争力，获取竞争优势的首要战略选择。然而，企业自主创新离不开人才，因此必须注意企业创新的技术创新人才的引进和企业内部人员培养。目前各类企业自主创新所需的技术人才相对短缺，是影响企业自主创新的主要内部因素。这就需要在现有条件下，设计出激励技术人员的制度，充分发挥现有研发技术人员的主动性与积极性。

创新就是企业差异化创造的过程，是科技与人文相互碰撞，并产生出巨大商业价值的过程。创新的主体必须是企业。自主创新，就是在企业主导下进行的差异化创造过程。但必须注意自主创新不是垄断的、独自的，而是开放的。从我国实际情况上说，企业需要进一步加大对自主创新活动的投入。创新投入的增加特别需要企业高层从"降成本、拼效率"的传统思维转变为"通过自主创新提升企业竞争力"的可持续发展思维。企业自主创新投入的增加，主要应该用于企业在自主研发经费、创新产品市场、先进制造技术以及员工培训方面。同时，企业在自主创新的过程中，要注意部门间合作与组织间合作。创新需要各个部门的协作而不只是研发部门的工作。企业要有意识地采取有效的组织管理手段来促进部门间信息和知识的共享。除此之外，企业还应建立创新的绩效评价与激励体系，创造创新的文化氛围。企业可以学习开放式创新、研发国际化等先进创新模式和理念，以推进企业自主创新的进程。

建设创新型企业是走中国特色自主创新道路的切入点和突破口。企业作为技术创新主体，既是技术创新投资、研发主体，也是创新利益分配的主体，体现了市场经济和科技发展的内在规律。通常，国际上创新模式动态演进有三种典型路径：一是从技术研发主导型到组合创新、全面创新型；二是从集成创新到组合创新、全面创新型；三是从二次创新到组合创新、全面创新型。我国企业主要有三种典型自主创新路径：一是原始创新—组合创新—全面创新；二是从集成创新—组合创新—全面创新；三是二次创新—组合创新—全面创新。其中，又以"二次创新—组合创新—全面创新"路径最为典型和常见，是我国企业自主创新的主导路径。依托开放式全面创新建设创新型企业，将是当前和今后一定时期我国走中国特色自主创新道路的重要突破口。

三　实施倾斜的经济政策是推进企业自主创新的必要条件

企业自主创新离不开制度引导与政策激励。企业的自主创新活动是在一系列约束条件和既定环境下运行的，其创新行为和运作效率取决于特定的制度、政策等环境因素。从技术创新的外部性和创新成果的公共产品属性来说，政府有责任保持对企业自主创新一定规模的科技投入，有责任通过政府财政资金的投入进一步动员更多的社会资源投入，将企业对于利润的追求的单一目标引导到技术创新方面。

为加快企业自主创新进程，要继续加大对企业自主创新的政策支持力度，通过多种政策工具，推动建立企业自主创新的内在良性发展机制，形成支持企业自主创新的政策合力和有效的创新激励，充分发挥创新主体主动性，最大限度地利用创新资源。因此需要注意以下几点：

第一，加强企业自主创新立法建设。我国目前缺乏对企业与自主创新有机融合的立法规范。由于缺乏立法依据，导致支持企业自主创新的经济优惠政策，多以部门规定、办法和通知等规章为主，政策立法层次低，权威性差。要加快企业自主创新立法，以发挥法律对企业自主创新的整体调节功能。

第二，加大财政直接投入力度，"十二五"规划中提出要大幅度增加科技投入，要调整财政科技投入结构，使财政新增收入在预算安排上继续向科技创新倾斜，提高研究开发支出占 GDP 比重，增强对中小企业创新基金的支持力度，力争国家财政用于企业自主创新的经费增长幅度高于国家财政经常性收入的增长速度。各级财政都应完善政府科技投入机制，强化向产业关键技术和共性技术创新领域的投入。

第三，运用税收优惠政策支持企业自主创新。调整现行所得税优惠政策事后优惠为主的现状，将优惠政策向产业链上游转移，特别是加强对于研发类企业的支持。转变对企业的税收优惠方式，从直接优惠为主转变为直接优惠和间接优惠的综合运用，更多采用宽税基的方式，以提高税收优惠政策的实效。地方政府应在执行现行税法的基础上，在法律授权或许可条件下，出台符合本地特色和经济发展实际情况的鼓励自主创新的税收优惠政策。

第四，拓展政府采购政策扶持功能，提倡国产、民族品牌消费意识，加强对企业自主创新成果的保护，为企业自主创新提供良好的市场环境。政府采购政策要发挥对企业自主创新产品和技术的直接扶持作用。目前我国政府采购的政策功能刚刚起步，自主创新、节能减排等目标主题已经有所覆盖，但总体上力度不大。应当向企业自主创新产品和技术倾斜。建立科学的自主创新产品认定标准和认证制度，形成科学完整和客观的评价体系，加大对企业自主创新的支持力度。要大幅度提高政府采购中自主创新产品的购买比例。

第五，完善重大自主创新产品财政补贴制度，促进科技成果产业化。实施针对消费者的重大自主创新产品的财政补贴，培育自主创新的新技术和新产品市场，引导市场消费方向，增强企业自主创新的内在动力。

第六，深化企业收入分配制度改革，扩大分配激励政策的覆盖面。促进建立有利于企业自主创新和用人留人的分配激励机制。企业收入分配制度要向有贡献的科研技术人员倾斜。

第七，健全促进企业自主创新的金融支持系统。应鼓励探索构建自主创新的金融支持机制，积极推进金融工具创新。实行积极的信贷政策，建立科技产业发展银行或中小创新型企业银行，发展创业风险投资市场，为企业自主创新提供良好的政策环境。要大幅度提高银行信贷资金中用于企业自主创新的比例，尤其是提高民营企业、中小企业的比例。同时运用政策性融资支持自主创新，发挥我国政策性银行的作用，对自主创新项目及产品尤其是国家重大科技专项、国家重大科技项目产业化的规模化融资和科技成果转化、高新技术产业化、引进技术消化吸收、高新技术产品出口等在贷款上给予重点扶持。

四 转变政府职能，促进企业自主创新

作为政府部门，第一，要转变职能，在推动自主创新方面要"积极有为"，而不是"无为而治"，对企业自主创新的社会服务机构发展作正面的引导，出台相关政策鼓励发展，努力构建完善的创新服务体系，为企业自主创新做强有力的支撑。第二，建立起完善的自主创新法律体系，建立良好的市场秩序，健全和完善市场机制，保证市场的统一、公平、开放和有序，努力为企业自主创新营造良好的市场环境。第三，政府把支持自主创新技术开发放在比支持技术引进更重要的位置，对国家级科研院所的功能进行重新定位，调整科研经费支持重点，加大对企业的资金投入力度，做企业自主创新强有力的后盾。第四，政府在共性技术供给过程中要同时解决市场失灵和组织失灵问题，对企业共性技术供给组织进行有效的管理。第五，为企业创造市场，缓解技术商业化的"后来者劣势"的问题。第六，政府应通过灵活的科技政策鼓励自主创新，通过经济政策优惠支持企业自主创新。第七，国家将原来针对所有科研机构的科技拨款改为针对科研事业经费的分类管理，提高科研院所的经营自主权，增强科研院所的技术创新意识，使科研的技术导向转变为市场导向。

参 考 文 献

1. 毕克新：《中小企业技术创新测度与评价研究》，科学出版社 2006 年版。

2. 陈程、刘和东：《我国高新技术产业创新绩效测度及影响因素研究——基于创新链视角的两阶段分析》，《科技进步与对策》2012 年第 1 期。

3. 陈清泰：《自主创新与产业升级》，中信出版社 2011 年版。

4. 陈晓红等：《中小企业融资》，经济科学出版社 2000 年版。

5. 常超、王铁山、王昭：《政府采购促进企业自主创新的经验借鉴》，《经济纵横》2008 年第 8 期。

6. 常修泽：《现代企业创新论》，天津人民出版社 1994 年版。

7. 陈劲：《技术创新管理方法》，清华大学出版社 2006 年版。

8. 陈国宏等：《区域自主创新能力评价及相关问题研究》，中国经济出版社 2008 年版。

9. 陈雅兰等：《原始性创新理论与实证研究》，人民出版社 2007 年版。

10. 陈伟等：《企业自主创新能力评价指标体系研究及 DEA 综合评价模型构建》，《科技管理研究》2008 年第 12 期。

11. 曹晓峰、张卓民：《2009 年辽宁经济社会形势分析与预测》，社会科学文献出版社 2009 年版。

12. 董峰等：《基于因子分析的企业自主创新能力评价》，《软科学》2008 年第 22 期。

13. 傅家骥：《技术创新学》，清华大学出版社 1998 年版。

14. 范德成：《区域技术创新能力评价的因子分析法研究》，《工业技术经济》2006 年第 3 期。

15. 国务院国资委财务监督与考核评价局制定：《企业绩效评价标准值 2010》，经济科学出版社 2010 年版。

16. 赓金洲：《技术标准化与技术创新、经济增长的互动机理及测度研究》，吉林大学，2012年。

17. 高旭东：《自主技术创新从初级阶段走向高级阶段的理论与政策》，《技术经济》2009年第6期。

18. 高建：《中国企业技术创新分析》，清华大学出版社1997年版。

19. 葛新权等：《技术创新与管理》，社会科学文献出版社2005年版。

20. 郭峰等：《企业自主创新能力模糊综合评价》，《统计与决策》2007年第2期。

21. 郭国庆等：《优化企业自主创新的内部环境和外部管理》，《国家行政学院学报》2006年第5期。

22. 黄隽、汤珂：《商业银行竞争、效率及其关系研究》，《中国社会科学》2008年第1期。

23. 侯军岐等：《技术创新与企业价值增长及评估》，中国社会科学出版社2008年版。

24. 侯先荣：《企业创新管理理论与实践》，电子工业出版社2003年版。

25. 华斌等：《我国企业自主创新能力评价指标体系构建研究》，《技术经济》2008年第7期。

26. 胡思华：《企业技术创新能力指标体系的构建及综合评价》，《科研管理》2001年第7期。

27. 胡小平：《企业技术创新能力培育的政府扶持行为研究》，2007年，博士学位论文，南京农业大学。

28. 黄孟复：《中国民营企业自主创新调查》，中华工商联合出版社2007年版。

29. 匡小平、肖建华：《典型创新型国家自主创新激励的财税政策》，《涉外税务》2007年第11期。

30. 雷家骕、秦颖、郭淡泊：《中国的自主创新：理论与案例》，清华大学出版社2013年版。

31. 雷家骕：《技术创新管理》，机械工业出版社2012年版。

32. 凌云等：《技术创新的理论与实践》，中国经济出版社2004年版。

33. 李靖、石春生、刘微微：《高技术企业组织创新与技术创新匹配状态的测度研究》，《管理工程学报》2011年第4期。

34. 李娜等：《基于资源观的技术创新能力与企业价值关系研究》，经济科学出版社 2011 年版。

35. 李静文等：《技术创新与管理》，社会科学文献出版社 2005 年版。

36. 李荣平等：《技术创新能力与活力评价理论和实证研究》，天津大学出版社 2005 年版。

37. 李建建等：《中国自主创新的内涵及战略意义》，《科技与经济》2006年第 1 期。

38. 李薇薇：《韩国促进企业自主创新的政策法律研究》，《华中科技大学学报》2007 年第 4 期。

39. 李宝山等：《集成管理：高科技时代的管理创新》，中国人民大学出版社 1998 年版。

40. 罗崇敏：《论企业创新》，经济日报出版社 2002 年版。

41. 罗亚非：《区域技术创新生态系统绩效评价研究》，经济科学出版社 2010 年版。

42. 刘顺忠：《区域创新系统创新绩效的评价》，《中国管理科学》2002 年第 1 期。

43. 刘浩：《企业自主创新现状分析与对策研究》，《企业活力》2006 年第 8 期。

44. 刘新民：《提高我国自主创新能力的对策建议》，《宏观经济研究》2005 年第 7 期。

45. 苗启虎：《技术创新融资理论和体系构建研究》，博士学位论文，上海交通大学，2006 年。

46. 彭本红等：《制造企业自主创新能力评价的指标及方法研究》，《现代管理科学》2008 年第 3 期。

47. 彭继民：《提高自主创新能力的思路》，《经济研究参考》2006 年第 1 期。

48. 秦宇：《中国工业技术创新经济分析》，科学出版社 2006 年版。

49. 苏敬勤等：《创新与变革管理》，清华大学出版社 2010 年版。

50. 史清琪：《中国产业技术创新能力研究》，中国轻工业出版社 2000 年版。

51. 孙晓华等：《因子分析法在企业自主创新能力评价中的应用》，《科技管理研究》2008 年第 6 期。

52. 施培公：《论技术创新宏观评估与测度》，《中国软科学》1996 年第

3 期。

53. 宋河发、穆荣平、任中保：《自主创新及创新自主性测度研究》，《中国软科学》2006 年第 6 期。

54. 邵云飞：《区域技术创新能力形成机理探析》，《管理科学学报》2006 年第 4 期。

55. 孙晓峰：《自主创新财政支持的理论基础与政策选择》，《财经问题研究》2008 年第 6 期。

56. 陶长琪：《基于融合的信息产业自主创新与产业成长的协同机制》，中国人民大学出版社 2010 年版。

57. 唐春晖：《企业技术能力演化与技术创新模式研究》，中国社会科学出版社 2007 年版。

58. 王长峰：《知识属性、网络特征与企业创新绩效》，经济科学出版社 2010 年版。

59. 王缉慈：《创新的空间——企业集群与区域发展》，北京大学出版社 2003 年版。

60. 王海东、张志宏：《日本 JASDAQ 市场的改革及未来前景》，《日本研究》2001 年第 2 期。

61. 王春法：《技术创新政策：理论基础与工具选择》，经济科学出版社 1998 年版。

62. 王春法：《主要发达国家国际创新体系的历史演变与发展趋势》，经济科学出版社 2003 年版。

63. 王雪苓：《当代技术创新的经济分析》，西南财经大学出版社 2005 年版。

64. 王元：《企业创新的制度安排》，《瞭望新闻周刊》2005 年第 49 期。

65. 王树林等：《基于模糊积分评价法的企业自主创新能力评价研究》，《科技管理研究》2008 年第 6 期。

66. 王一鸣等：《关于提高企业自主创新能力的几个问题》，《中国软科学》2005 年第 7 期。

67. 王伟光等：《技术创新能力测度方法综述》，《中国科技论坛》2009 年第 4 期。

68. 王宗军、夏若江、肖德云：《创新能力与技术战略》，人民出版社 2011 年版。

69. 吴贵生：《技术创新管理》，机械工业出版社 2011 年版。

70. 吴贵生、张洪石、梁玺：《自主创新辨》，《技术经济》2010 年第 9 期。

71. 吴晟、殷耀如、徐华：《中小企业的自主创新与核心竞争力的培育》，《特区经济》2006 年第 5 期。

72. 吴友军：《对我国 IT 产业技术创新能力的探讨》，《中国软科学》2003 年第 4 期。

73. 吴忠才：《区域自主创新能力与评价体系》，《吉首大学学报》（自然科学版）2007 年第 6 期。

74. 魏江：《企业技术能力论：技术创新的一个新视角》，科学出版社 2002 年版。

75. 徐新、高山行：《企业自主技术创新测度研究：基于资源、能力和技术成果归属的整合模型》，《技术经济》2011 年第 8 期。

76. 谢伟等：《中国高新技术产业研发效率及其影响因素分析》，《科学学与科学技术管理》2008 年第 3 期。

77. 欣士：《韩国 KASDAQ：位居前列的新兴创业板市场》，《深交所》2008 年第 1 期。

78. 肖静等：《基于超效率 DEA 方法的研发效率国际比较研究》，《情报杂志》2009 年第 6 期。

79. 夏保华：《企业持续技术创新的结构》，东北大学出版社 2001 年版。

80. 辛冲：《组织创新对技术创新的作用机理》，经济科学出版社 2010 年版。

81. 熊彼特：《经济发展理论》，商务印书馆 1990 年版。

82. 熊勇清：《集群企业持续竞争力提升的自主创新模式研究》，经济科学出版社 2008 年版。

83. 徐宪平：《风险投资模式的国际比较分析》，《管理世界》2001 年第 2 期。

84. 许庆瑞：《研究、发展与技术创新管理》，高等教育出版社 2000 年版。

85. 伊志宏等：《中国企业创新能力研究》，中国人民大学出版社 2008 年版。

86. 杨兆廷等：《自主创新的金融支持体系研究》，经济管理出版社 2009 年版。

87. 杨晓峰、杨晓荣：《中国企业核心竞争力经典：技术创新》，经济科学出版社 2003 年版。

88. 杨宏进：《企业技术创新能力评价指标的实证分析》，《统计研究》1998 年第 1 期。

89. 杨晔：《我国各省市企业自主创新能力的综合评价》，《财经研究》2008 年第 6 期。

90. 闫军印：《企业技术创新的系统分析与评价》，中国财政经济出版社 2002 年版。

91. 于洁等：《基于 DEA－Malmquist 方法的我国科技进步贡献率研究》，《软科学》2009 年第 2 期。

92. 詹正茂：《创新型国家建设报告（2011—2012）》，社会科学文献出版社 2012 年版。

93. 赵大平：《政府激励、高科技企业创新与产业结构调整》，中国经济出版社 2012 年版。

94. 张明龙：《区域政策与自主创新》，中国经济出版社 2009 年版。

95. 张华胜：《中国制造业技术创新能力分析》，《中国软科学》2006 年第 4 期。

96. 张同斌、高铁梅：《财税政策激励、高新技术产业发展与产业结构调整——基于可计算一般均衡（CGE）模型的分析》，《经济研究》2012 年第 5 期。

97. 张玉明：《企业自主创新与多元资金支持》，经济科学出版社 2009 年版。

98. 张义梁等：《国家自主创新能力评价指标体系研究》，《经济学家》2006 年第 6 期。

99. 张永伟：《从追赶到前沿——技术创新与产业升级之路》，中信出版社 2011 年版。

100. 张平华：《中国企业创新管理》，中国发展出版社 2004 年版。

101. 张景安：《风险投资与二板市场》，中国金融出版社 2000 年版。

102. 支军等：《自主创新能力测度理论与评论指标体系》，《管理世界》2007 年第 5 期。

103. 朱旭东：《创新与转型的社会基础》，上海人民出版社 2012 年版。

104. 中国企业评价协会编：《中国企业自主创新评价报告》（2012），中国发展出版社 2012 年版。

105. 中国企业评价协会编:《中国企业自主创新评价报告》(2010),中国经济出版社 2009 年版。

106. 中国科技发展战略研究小组:《中国区域创新能力报告》(2001),中共中央党校出版社 2002 年版。

107. 中国科技发展战略研究小组:《中国区域创新能力报告(2005—2006)》,科学出版社 2006 年版。

108. 《中国创新型企业发展报告》编委会:《中国创新型企业发展报告》,经济管理出版社 2010 年版。

109. Andreas Koch and Harald Strotmann, "Absorptive capacity and innovation in the knowledge intensive business sector", *Economics of Innovation and New Technology*, Vol. 17, Issue 6, 2008.

110. Angel M. Prieto and José L. Zoflo, "Evaluating Effectiveness in Public Provision of Infrastructure and Equipment: The Case of Spanish Municipalities", *Journal of productivity Analysis*, 2001.

111. Anne S. Miner, *Seeking Adaptive: Evolutionary Theory and Managerial Action in Joel A. C. Baurn Jitendra V. Singh Evolutionary Dynamics of Organizations*, New York: Oxford University Press, 1994.

112. Anthony Ward, "Measuring the product innovation process", *Engineering Management International*, Vol. 6, Issue 5, October 1996.

113. Bronwyn H. Hall and Josh Lerner, "The financing of R&D and innovation", *National Bureau of Economic Research*, 2009.

114. Charles Edquist, *Systems of innovation: Technologies, institutions and organizations*, London: Printer, 1997.

115. Chiung-Wen Hsu, "Formation of Industrial Innovation Mechanisms through the Research Institute", *Technovation*, Vol. 25, No. 11, 2005.

116. David B. Audretsch and Maryann P. Feldman, "R&D spillovers and the geography of innovation and production", *The American economic review*, Vol. 86, No. 3, 1996.

117. Edwin Mansfield, "Entry, Gibrat's law, innovation, and the growth of firms", *The American Economic Review*, Vol. 52, No. 5, 1962.

118. F. M. Scherer, *Innovation and growth: Schumpeterian perspectives*, MIT

Press Books, 2007.

119. George E. P. Box and J. Stuart Hunter and William G. Hunter, *Statistics for experimenters: design, innovation, and discovery*, New York: Wiley – Interscience, 2005.

120. Heiko Gebauer, Thomas Friedli and Elgar Fleisch, "Success factors for a-chieving high service revenues in manufacturing companies", *Benchmarking: an international Journal*, Vol. 13, No. 3, 2006.

121. Henry Chesbrough and Adrienne Kardon Crowther, "Beyond high tech: early adopters of open innovation in other industries", *R&D Management*, Vol. 36, No. 3, 2006.

122. Ilídio Barreto, Dynamic capabilities: A review of past research and an a-genda for the future, *Journal of Management*, Vol. 36, No. 1, 2010, pp. 256 – 280.

123. James R. Brown, Steven M. Fazzari and Bruce C. Petersen, "Financing innovation and growth: Cash flow, external equity, and the 1990s R&D boom", *The Journal of Finance*, 2009, 64 (1): 151 – 185.

124. Jan Fagerberg and Martin Srholec, "National Innovation Systems, Capabilities and Economic Development", *Research Policy*, Vol. 37, No. 9, 2008.

125. Jeong – dong Lee and Chansoo Park, "Research and development linkages in a national innovation system: Factors affecting success and failure in Korea", *Technovation*, Vol. 26, No. 9, 2006.

126. J. Guan and N. Ma, "Innovative capability and export performance of Chinese firms", *Technovation*, Vol. 23, No. 9, 2003.

127. Joseph Farrell and Garth Saloner, "Installed base and compatibility: Innovation, product preannouncements, and predation", *The American Economic Review*, Vol. 76, No. 5, 1986: 940 – 955.

128. Kwaku Atuahene – Gima, "Market orientation and innovation", *Journal of Business Research*, 1996, 35 (2): 93 – 103.

129. Laura Bottazzi and Giovanni Peri, "Innovation and spillovers in regions: Evidence from European patent data", *European Economic Review*, 2003, 47 (4): 687 – 710.

130. Mark Dodgson, David Gann and Ammon Salter, "The role of technology in the shift towards open innovation: The case of procter& gamble", *R&D Management*, Vol. 36, No. 3, 2006.

131. Mark Dodgson, John Mathewsb and Tim Kastelle, "The Evolving Nature of Taiwan's National Innovation System: The Case of Biotechnology Innovation Networks", *Research Policy*, Vol. 37, No. 3, 2008.

132. Paul Alan Gompers and Joshua Lerner, *The venture capital Cycle*, MIT Press, reprinted edition, 2002.

133. P. Aghion, N. Bloom, R. Blundell et al., "Competition and innovation: An inverted – U relationship", *The Quarterly Journal of Economics*, 2005, 120 (2): 701 –728.

134. Philip Cooke and Kevin Morgan, "The associational economy: firms, regions, and innovation", *OUP Catalogue*, 2011.

135. Pierre – Guillaume Méon and Laurent Weill, "Does better governance foster efficiency? An aggregate frontier analysis", *Economics of Governance*, 2005.

136. Raphael Amit, Paul J. H. Schoemaker, "Schoemaker Strategic assets and organizational rent", *Strategic Management Journal*, Vol. 14, Issue 1, Pages33 –46, January 1993.

137. Richard R. Nelson and Sidney G. Winter, *An evolutionary theory of economic change*, Cambridge: Cambridge University Press, 1982.

138. Richard R. Nelson, "National innovation systems: A comparative analysis", *University of Illinois at Urbana – Champaign's Academy for Entrepreneurial Leadership Historical Research Reference in Entrepreneurship*, 1993.

139. Robert J. Barro and Xavier Sala – i – Martin, *Economic growth*, New York: McGraw – Hill, 1995.

140. Scott Walsworth and Anil Verma, "Globalization, human resource practices and innovation: Recent evidence from the Canadian workplace and employee survey", *Industrial Relations*, Vol. 46, No. 2, 2007.

141. Thomas Ritter and Hans Georg Gemünden, "The impact of a company's business strategy on its technological competence, network competence and innovation success", *Journal of Business*, Vol. 57, No. 5, 2004.

142. Vareska van de Vrande and Jeroen P. J. de Jong De Jong eds., "Open in-

novation in SMEs: Trends, motives and management challenges", *Technovation*, Vol. 29, No. 6 − 7, 2009.

143. ZJ ACS and DB Audretsch, Innovation in large and small firms: An empirical analysis, *The American Economic Review*, 1988.

后　记

    本书是在我的博士论文基础上修改完善而成的。当我完成对博士论文修改的时候，感慨良多。从开始进入选题到资料的搜集再到论文的顺利完成，整个过程都离不开老师、朋友们的热情帮助，在这里请接受我诚挚的谢意。

    首先，我要感谢我的论文指导老师姜继忱老师，这篇论文的每一步都是在老师的悉心指导下完成的，其间倾注了老师大量的心血。姜老师为人随和热情，治学严谨细心，在论文的写作上严格要求我，他多次从繁忙的工作中抽出时间询问我的研究进程，并为我指点迷津，帮助我开拓研究思路。正是有了老师的无私帮助与热忱鼓励，我的论文才能够得以顺利完成。除此之外，老师一丝不苟的工作作风，严谨求实的治学态度也深深地感染了我，在他身上我可以深切感受到一个学者的严谨和务实，这些都让我受益匪浅，并且终身受用。

    其次，我要感谢身边的同事、亲友。在我写作过程中，他们对我总是有求必应，为我收集和提供了有价值的文献资料，帮助我理清了论文的写作思路，对我的论文提出了诸多宝贵意见和建议。借此机会，我要对他们的帮助表示真挚的感谢！

    再次，本书引用了大量珍贵文献和学术观点，在此一并致以感谢。

    最后，还要感谢中国社会科学出版社的卢小生编审，由于中国社会科学出版社及卢小生编审的大力支持，本书才得以顺利出版。

    当然，最终呈现出来的这部专著肯定与老师、朋友们的期望还有很大的差距，这实在是由于我个人的能力所限。我将在今后的学习和研究中继续努力，以回报方方面面的关心和支持。

寇琳琳

2013 年 11 月